尋ね尋ねて、円空寺への旅

栄国寺・千人塚（名古屋市中区橘１丁目）

尾張藩は御三家筆頭として手本を示す意味もあってか、切支丹狩りは藩内で特に厳しく行われた。その刑場「千本松原」の跡に建てられたのが清涼庵で、現在の清涼山栄国寺（浄土宗）である。境内には刑死者を弔う千人塚や切支丹遺跡博物館などがある。

鉈薬師（名古屋市千種区田代町四観音道西）

北海道から帰った円空は寛文九年（一六六九）に鉈薬師に祀る十二神将などを彫った。この薬師堂は明の帰化人張振甫《ちょうしんぽ》ゆかりのもので、小堂の両脇には中国風の石像が建てられている。

張振甫は現在の同区下方町に住み、近くには「振甫町」の町名もできた。屋敷内には歴代の墓もある。

伊勢神宮の使い「御師」

伊勢では「おし」ではなく「おんし」と言う。御師は地方に出向いて祈祷や神札の頒布などを行う一方、伊勢に招くツーリストの役目や旅館までも運営していた。これは各地から来た参詣者を出迎える風景で、『伊勢参宮名所図会』にあるひとこま。

大にぎわいのお伊勢参り

庶民にとってお伊勢参りは一生に一度はしてみたい夢だった。多くは講を作って資金を出し合って送り出し、行けない人に代わってする代参も広く行われていた。（安藤広重「宮川の渡し」より）

円空寺の跡地、船江公園（伊勢市船江）

北海道から帰った円空は後に伊勢の御師、布谷左大夫から自坊の住職となるように請われた。これを請けて寺は「円空寺」と名付けられた。伊勢の大火後、再建された地が現在、船江公園のある一角にあたる。

山田奉行所（伊勢市御薗町小林）

伊勢には神宮があって天領とされ、幕府の山田奉行所が置かれていた。大火後、奉行所の指揮により船江町越坂に新たな寺町が造られることになった。

三蔵寺（三重県志摩市阿児町片田）

円空はここにあった大般若経を円空寺で補修して自坊の経典の一つとし、代わりに同寺へは聖観音菩薩立像を彫って贈った。高さは1.56メートルもあり、円空の傑作の一つに数えられている。

少林寺（三重県志摩市阿児町立神）

円空は続いて立神の少林寺で傷んでいた大般若経を補修した。作業は伊勢から職人を呼んでの大掛かりなものとなり、その指揮・監督を務めることになる。

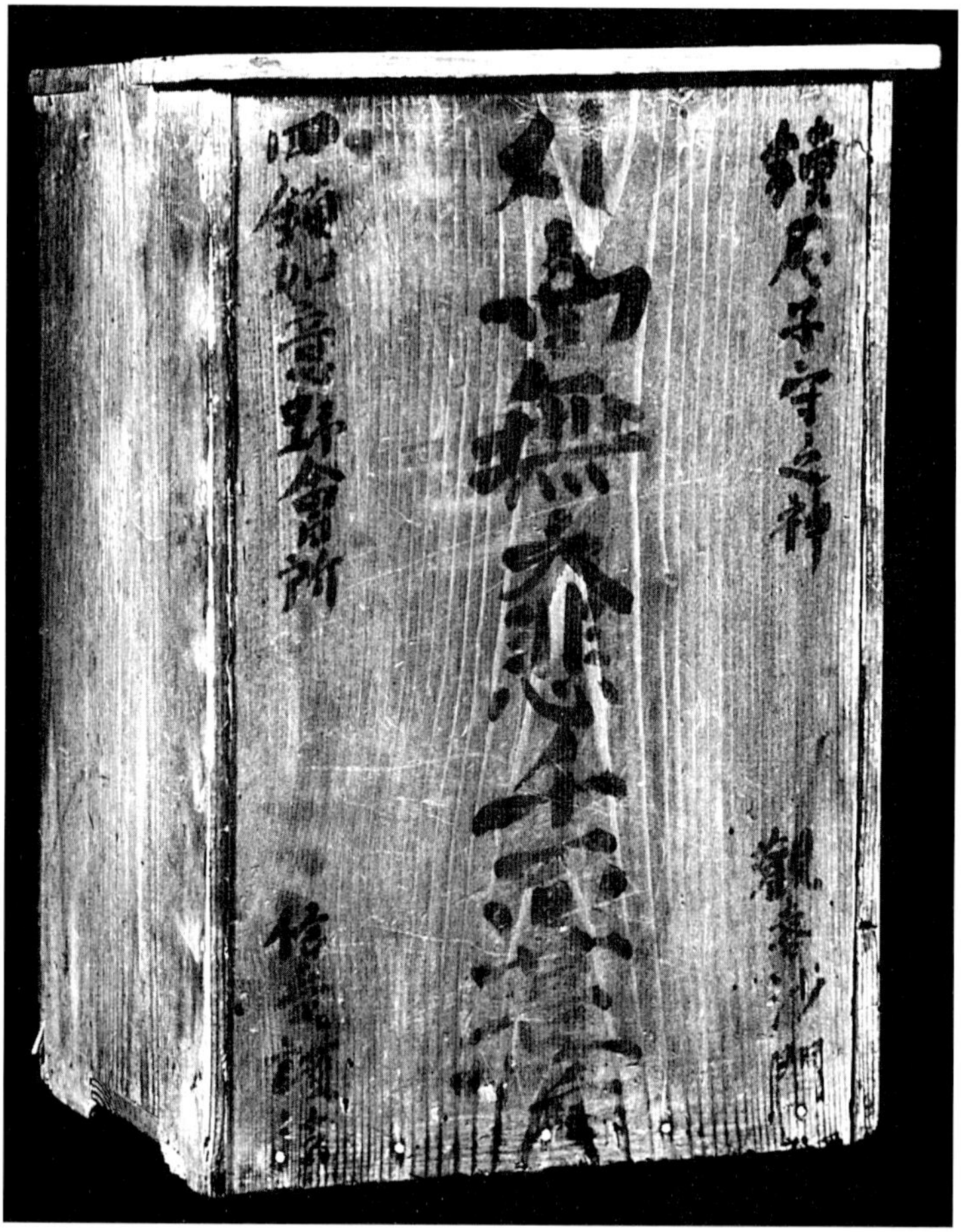

千面菩薩（荒子観音蔵）

この菩薩は円空が生み出した独自の仏像である。間口37センチ・奥行き21センチ・高さ50センチの木箱（厨子）に、木端仏1024体が納められている。そして、箱の表（右頁）と裏（左頁）には写真のような文字が記されている（長谷川公茂氏撮影）。

荒子観音には多くの木端仏が残されている。小さいのはわずか3センチほど。山門にある高さ3メートル余の金剛力士像2体も円空の作である。

浄海山観音寺（名古屋市中川区荒子町宮窓）

一般には荒子観音の名で親しまれているが、正しくは浄海山観音寺と称する天台宗の寺である。尾張四観音の一つ。加賀白山を開いた僧泰澄により天平元年（729）に創建され、境内にある多宝塔は天文５年（1536）に建てられた市内最古の木造建築物となっている（国の重要文化財）。

ここの住職と気が合ったのか、円空は長く足を留めている。後に活動の功績が認められて天皇からご褒美を賜ることになるが、それは人の手をわずらわせて荒子観音に届けられていた。

円空と伊勢・円空寺

伊藤治雄

第一部　円空の履歴と功績

第二部　円空を深掘りする

はじめに　通説の円空論を見直す

円空その人が語られていないことへの不満

　円空（一六三二～一六九五）作の木彫仏が芸術作品として注目されるようになったのは昭和三十年（一九五五）ころからとされている。昭和の自由な感覚によって、円空仏は素晴らしい仏像彫刻と評価され、これまでに大小合わせて五千体ほどが北海道・東北・関東・中部・近畿の各地で発見されている。

　だが、円空の人物については、仏像十二万体の彫刻を発願した僧侶だとか、個人の想像による人物論があるだけで、十二万体の根拠は定かでないし、人物像にしても定説はない。また、儀軌（仏像の定義）に沿わない円空仏もあるため、間違いの多い人という陰の声もあって、まともな人物論はないにも等しい。

　これまでの評価を仮に「円空仏発見初期時代の人々による円空人物評」略称「初期の人物評」としてまとめることにする。筆者がこの「初期の人物評」に疑問を持ったのは平成五年ごろに「荒子観音にある円空作の千面菩

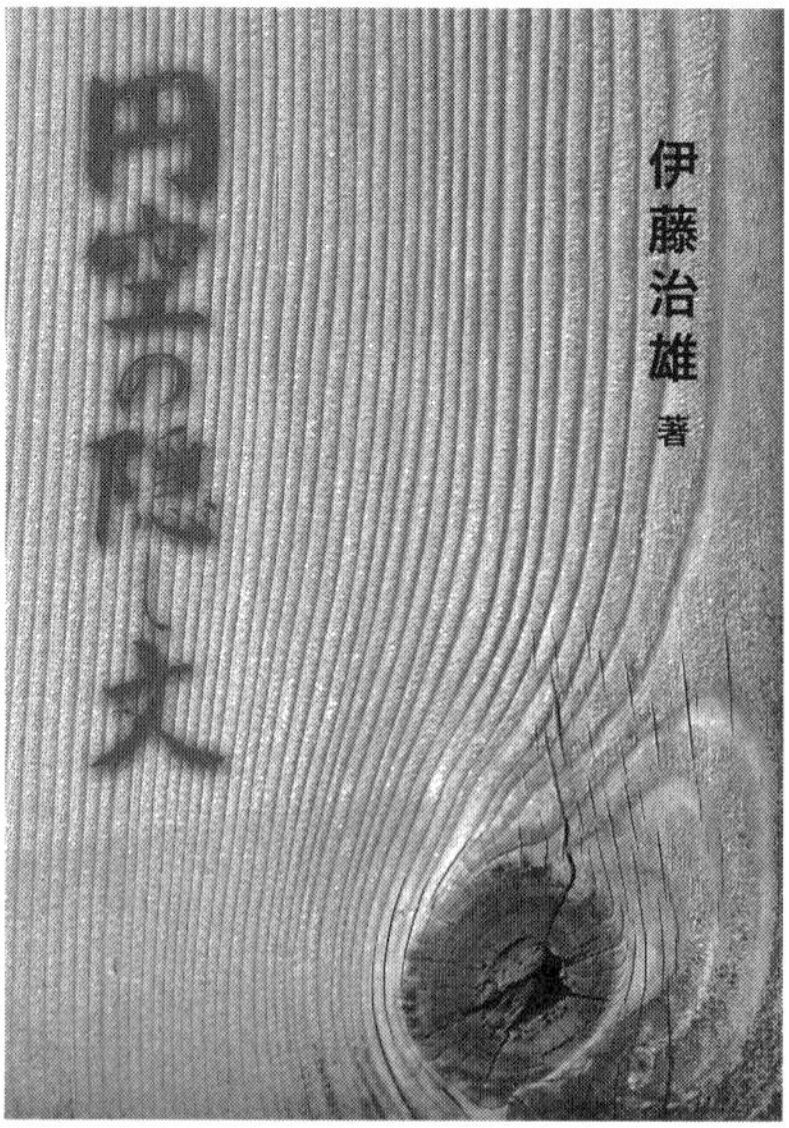

薩は一〇二四体の木端仏を内蔵していた」と聞いたときである。

その話を知った瞬間、頭の中でひらめいた。一〇二四という数字は２の10乗の値で、２進法に使われている有用な数字である。この数字にこそ意味があるはずと考え、謎解きを思い立った。

まず、江戸時代の切支丹史・数学・言葉遊びなどを勉強した。江戸時代は切支丹禁制の時代で表現は不自由だったが、人々は語呂合わせ・洒落・判じ物などを用いて、真意を隠す文章や和歌を作り、程々に自由な生き方をしていたように思われる。この勉強と調査結果をまとめ、平成二十二年に『円空の隠し文』を上梓した。

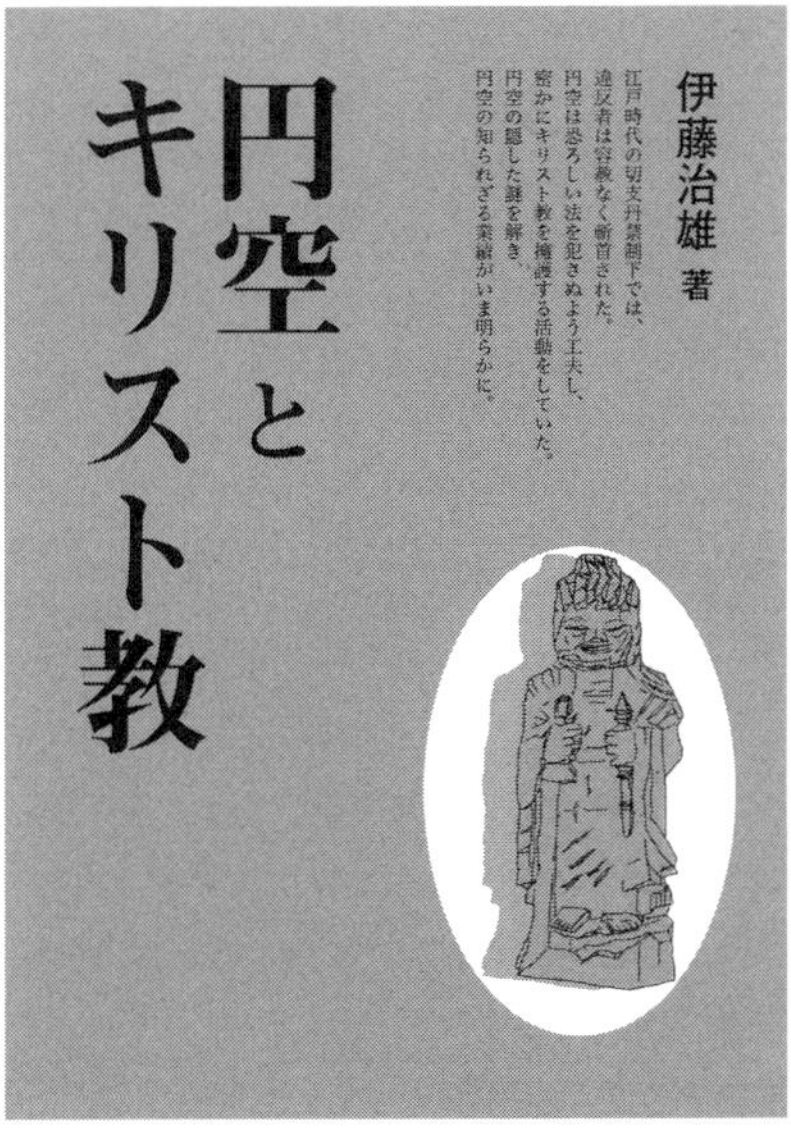

千面菩薩の厨子に表記された「子守之神」は聖母マリアのことかと考え、切支丹迫害の関係を調べ、平成二十八年に『円空とキリスト教』を上梓した。この書を見ていただいた金城大学文学部教授の楚輪松人《そわまつと》先生から「円空は多宗教との共生を実行した人であろう」

とのご意見をいただいた。この助言により筆者も開眼し、円空作の千面菩薩・両面宿儺《りょうめんすくな》・乙護童子の両面の意味が分ってきた。

二〇二〇年、名古屋郷土文化会の会誌「郷土文化」に「郷土に誇る円空さん考」と題する論文を発表する機会を得た。この論考の中で、天聴に達した円空の徳音、十二万体造顕の謎を解く成果を得た。だが、冊子は紙数に限りがあり、説明不足だったので、本稿では筆者が今日までに検討してきた結果を加え、円空の真の人物像に迫ることにした。

円空は江戸時代の「社会の動き」の中で働きながら、身体も思想も揉まれ、徐々に偉人になっていったはずである。本書では修行時代までの履歴は割愛して、社会に出てからの円空の行動と思想・作品の真意を調査し、人間円空の成長の過程を明らかにしていきたい。

円空の伝記は『近世畸人伝』と荒子観音所蔵の『浄海雑記』にある「円空小伝」の二編が知られている。しかし、逆に言うと、円空に関する史料はこれくらいしかない。この二書はいずれも江戸時代の書物なので、当時あった諸々の禁制に抵触せぬように記されているはずで、文言の真意が何かを知るには当時の社会情勢を考えながら読むしか方法はない。

だが、現代は江戸時代とあまりにも差があり、その差を解説するため、所々で回りくどい説明が必要となった。これをご理解の上お読みいただきたいとお願いする。

なお、本稿では参考とすべき伝記として、明治の文豪・幸田露伴の小説『雪紛々』の呑空法師の記事も取り入れた。この小説は以前に円空学会理事長の小島梯次氏が円空をモデルにした小説として、円空仏講座で紹介されていた。北海道の円空を知る上で非常に貴重な資料なので、「呑空の何が円空の実話だったのか」を検証し、確証のある部分は円空の活動履歴に加えることにした。

この結果、「円空小伝」では未解決であったテーマ「天聴に達した円空の徳音とは何か」の解を得ることになった。「円空小伝」には、もう一題「十二万ノ仏躰の造顕発願」にかかわる謎があった。筆者は以前に検討して、千面菩薩の創作のことであろうと推定したものの、決定するまでには至らなかった。本稿ではさらに原文を精査し、見方を変えた説明を工夫した。

露伴の小説によって「円空の徳音」の謎が解けたことは、筆者に思いがけぬ成果だった。物語はこれから始めることにする。

第一部　円空の履歴と功績

千光寺の両面宿儺（長谷川公茂氏撮影）
背面に十五童子の文字がある

第一章　北海道と円空　アイヌ村の先生になった円空

一、近江商人と一体になった北海道での活動

『浄海雑記』の「円空小伝」にある「天聴に達した」の意味は、円空の良き行いが天皇様のお耳に達したということである。良き行いとは北海道と近江商人との関係にあると考えた。

『浄海雑記』に徳音の内容についての説明はまったくないが、天皇からご褒賞をいただく機会は現代でも叙勲の制度などがある。これを参考にして「円空の徳音とは何か」を推理しようと考えた。

北海道の松前藩は幕府から松前統治の許可を得て進出したが、松前には武士に与えるべき農地がなく、代わりに漁場を与えられた。武士は商人に漁場（場所）を請け負わせて金に換えた。近江商人はその請け負った場所の産物を京都・

浄海雑記　一　〈翻刻〉

〈中略〉

二大力士　御衣木一丈余　圓空上人作

〈中略〉

明暦年間円空上人留ム錫ヲ于當山ニ時ノ住僧ノ円盛法印有彫刻佛像誓願又知リ上人之ノ名工ナルヲ獲ニ楠ノ大材ヲ而與ヘ之上人ニ請造ニ二大力士ノ像ヲ上人乃以テ

北海道に残る円空の足跡

名僧巡歴諸國刻佛像十二万躰/非凡侶也
全栄法印所撰小傳云
圓空上人姓藤原氏加藤西濃安八郡中/村之産也
幼時帰於台門為僧及稍長/就我尾高田
精舎某稟胎金兩部密法/　竟為無垢清淨捨
身行者純恭行基僧/正為人自發彫刻十
二万佛軀之大願矣也/時登冨士山而祈誓
夙願満足於社前少/焉社頭鳴動權現授
一箇鉈上人受之/下山随縁託身彫刻
佛像一二旬于此三旬/于彼而後復来于我尾
寓于當山殊崇敬本尊/觀世音大士先鏤刻金
剛力士二大像以安山/門次彫刻大小數千軀
之佛身故今猶存/者最多矣於是上人徳音遂
達於/天聴詔賜上人号及錦繡之袈裟上人/
拜受而後復帰于故郷開基精舎一宇號宇賀/
寺後復遷于北濃武義郡池尻村彌勒寺居/焉坐
禪觀法勇猛精進晝夜不臥以修往/生之淨業終
知死期被天賜之袈裟端坐/合掌而入寂維時
元禄八年乙亥秋七月十五日/也今茲會一百五十回
於是感上人之往事/記上人之行状萬分之一以
傳後矣
時天保十五年甲辰夏五月
淨海山現住法印權大僧都全栄謹撰

『浄海雑記』の「円空小伝」（部分）

大阪へ運び、金銭を得た。これは場所請負制と言われた。

円空は若いころ、伊吹山で修行をしている。そのころ、近江にも足を運び、彼らと知り合う機会もあったのか。また、その中心地だった近江八幡は当時、切支丹の本拠地でもあった。

漁民は安全と大漁を望む。近江商人にはそれを祈願する寺社を建立し、その本尊は円空を北海道へ案内して作ってもらい、奉納する。そういう事業構想があったのではないかと考えられた。

そのため近江商人は神仏像を彫れる円空を頼り、円空もまたこの話に乗った。円空は北海道・東北を訪れているが、いつごろどれほどの期間、滞在していたのかを考えてみよう。

堺比呂志著『円空仏と北海道』によると、北海道には円空仏を祀った社寺十棟が寛文五年（一六六五）に完成したと記されている。同書にはこの年の七月に松前藩主の松前広高が病死したともある。これは円空にも関係することが後で分かってきた。

淡海文庫の『近江商人と北前船』によると、寛文のころ、松前に進出した近江商人の西川伝右衛門は松前半島の北部に新しい場所の開発を図ったと記されている。予想したように寺社寄贈計画があって、円空はその計画の一翼を担って北海道に出掛けたのだろう。遊行僧の円空が一人で北海道へ渡航できる社会情勢ではなかったが、近江商人の事業計画の内ならば、渡道に問題は生じない。円空の旅には近江商人と約束した数の造仏奉納があったと思われる。

北海道内の円空の足跡は先に挙げた堺比呂志著『円空仏と北海道』から得られた。同書によると、北海道に残る円空仏は全部で四十七体とされている。そのうち寛文六年に礼文華《れぶんげ》（現、北海道虻田郡豊浦町）の窟屋で制作された観音像五体を除いた、差し引き四十二体の造顕年は分からない。

だが、同書は「円空は寛文六年正月に弘前に居た」と記している。そこで、四十二体は

断崖に覆われた礼文華海岸（豊浦町 HP より）

寛文五年末までに制作を終え、弘前に来て正月を過ごしていたと推測できる。

『津軽藩庁日誌』によると、円空は寛文六年の一月二十六日、弘前に滞在中のところを役人に発見され、藩主の指示により弘前を退去させられ、一月二十九日に青森へ行ったと記されている。

寛文五年のうちに松前で予定数の仏像奉納を終えたので、弘前へ引き上げて正月を過ごしていた。このときに円空は真冬の弘前から追放されたのである。その後の円空は青森を経て、なぜか寛文六年六月には松前に戻った。

松前へ戻った円空は寛文六年六月吉日に、念じ仏を新藩主の松浦矩広《のりひろ》へ献上している。次に寛文六年七月二十八日に道南の礼文華の窟屋で白衣観音など五体の観音像を制作し、その後、北海道を去った。この五体の観音像については次の項で検討してみたい。

当時、越前から北海道へ渡る船は、近江商人が運航する北前船しかない。しかも北前船は旅人を乗せてはならなかった。

北前船の運航は年に一往復で、春に越前を出発して各地へ荷を運びつつ松前に行き、帰りは海産物を積んで秋までに越前に戻った。従って、北海道に渡る機会は春に一回、帰る機会は秋に一回だけだった。

円空が寛文五年の暮れまでに、北海道で四十二体の作仏をするには、前年の寛文四年の春に出発港である越前から乗船したと推測される。尾張から出発するには冬季積雪期を避け、前年の寛文三年の秋から準備されたと思われた。

帰路、北海道を発ったのは寛文六年の夏であるが、秋田・宮城にも円空仏が残されていることを考えると、尾張に帰った時期は寛文七年の秋以降と思われる。

この後の尾張での記録はないが、円空は寛文九年に鉈薬師（名古屋市）で薬師如来と十二神将を制作した。従って、北海道の作仏・奉納計画の立案は寛文三年ごろから、乗船は寛文四年春、北海道を去ったのは寛文六年秋、帰国は寛文七年秋と考えられ、この間、円空は尾張を留守にしていたことになる。

円空の足取りを簡単に年表形式でまとめると次のようになる。寛文四年は円空三十三歳、寛文七年は三十六歳に当たっている。
・寛文三年秋、北海道へ行く準備を始める。
・寛文四年春　北海道へ渡る。
・寛文五年七月　松前藩主松前広高、病死。
・寛文五年　北海道で四十二体を作る。
・寛文六年一月二十六日　弘前滞在中に見つかり、追放される。
・寛文六年六月　松前へ戻る。
・寛文六年六月吉日　新藩主松前矩広へ念じ仏を献上。
・寛文六年七月二十八日　礼文華の窟屋へ観音像を納める。その後、東北を行脚、作仏。
・寛文七年秋以降　尾張へ帰る。
・寛文九年　鉈薬師で薬師如来、十二神将を作仏。

二、北海道へ行く目的を明らかにした幸田露伴の小説

北海道には先住民のアイヌ人が各地に住んでいた。進出した松前藩と先住民との間には色々な摩擦が生じ、寛文二年、同五年、同九年には武力衝突が起きた。

明治の文豪・幸田露伴は読売新聞に連載小説「雪紛々」を書いている。その中に、当時のアイヌの社会を描いていた。

露伴はこの小説の序文の中で「シャクシャインの乱の前後の頃、美濃の僧で今釈迦と言われた者が北海道に来てアイヌの教化に努め、所々で参籠して仏像を奉納した、という伝説がアイヌの村にある事を知った。小説の主人公の呑空法師も伝説に因んで作った」と説明している。

小説に描かれた呑空法師は静雁村に泊まり、二人の利発なアイヌの若者、「穏健なオンビシと過激なシャクシャイン」

雪紛々

幸田露伴

○「雪紛々」は讀賣新聞の明治三十二年十一月二十五日號から載り、翌月二十五日號に第十四回を以て中絶した。三十四年一月堀内新泉との合作として、新に「雪紛々引」を附して春陽堂から刊行せられ、口繪は鈴木華邨。その引は雜誌新小說の三十三年七月號に轉載せられた。又四十四年五月春陽堂發行の「露伴叢書」第二卷に收められ、舊全集には第十四回までが收められた。本全集に初刊本を用ゐ初出紙・露伴叢書本・舊全集を參照し、堀内新泉の稿にかゝる第十五回以下は小活字を以て組んだ。

（『露伴全集』第七卷　岩波書店　昭和五十三年八月）

引

……

呑空法師《どんくうほふし》は烏有《うゆう》の人なり。されど美濃《みの》の國の僧にて今釋迦《いましやか》と呼ばれたるものの、北海《ほつかい》に入りて敎化《けうげ》に勗め、處々に參籠して佛像を納めなどせしは、恰《あたか》も沙具沙允亂《シャグシャインのらん》の前後のことなり。これに因《ちな》みて呑空は作り出《いだ》されたるものなり。……

明治三十三年五月

に出会った。呑空はこの二人は将来のアイヌの指導者になると見込み、世渡りの術、仏の道、種蒔き、糸紡ぎ、仮名と漢字などを教えた。そして、二人は決して離れてはならぬと諭した。

ところが、若者に文字を教えたことが松前藩の規則違反とされ、呑空は役人に逮捕されて村から追放された。同時にこの小説は連載中止となった。掲載されたのは一カ月だけ、明治二十二年のことである。

この理由の説明はない。筆者の推察ではあるが、若者の名前がシャクシャインであったからなのではないか。物語が進む先は、その後に実際に起きたシャクシャインの蜂起が予

> 呑空といへる法師、何時《いつ》の頃よりか此島に渡り来て、東西流浪行脚《るらうあんぎや》の末、辞羅村《シスカリ》に少時《しばらく》止まり、今も尚沙具沙允《シャグシャイン》の家に杖と笠とを留き、アイノの愚蒙《おろか》を深く憐《あは》れみ、教へ導《みちび》く法の道《のり》、佛乘《ぶつじやう》の外《ほか》に世わたる術《すべ》、種蒔《ま》く事、糸とる事、日用雑事より色々の昔し語《むかしがた》りに及ぶまで措《お》かず伝ふれば、恩愛沙具沙允《オンビシシャグシャイン》の二人《ふたり》はこれが教《をしへ》を受けて、生れつきたる材器の上に學問の功の光を添へて、漸く普通《なみなみ》のアイノならぬ男児《をのこ》とならんとするに至れり。
>
> 第九回
>
> 喚《よ》び活《い》かされし知來麻志《チクイマシ》は恩愛沙具沙允《オンビシシャグシャイン》を見たる計《ばか》り、心の疲れ氣のゆるみに言葉も無くてあつたりしが、伊良武《イラブ》は涙をふき〳〵に有《あり》し次第を物語れば、沙具沙允《シャグシャイン》は拳《こぶし》を握り歯を噛み鳴《なら》して、村嫁が非義を憤《いきどほ》りけり。恩愛《オンビシ》は悠然と眉を顰《ひそ》め言葉を絶つこと良久《やや》しくして後、母様御ゆるし下されませ、今日《けふ》の歸宅《かへり》の遅かりし爲色々の御心配を掛たるは實《まこと》に何とも申譯《まうしわけ》なし、殊更御病氣の御身體《おからだ》に悩まし き事共御聞かせ申したるは御詫《おわび》の申樣《まうしやう》もございませぬ、是《これ》も皆あの村嫁づらめが仕業《しわざ》、實は母樣にも以良武《イラブ》にも秘密《ないしよ》に仕て居りましたが、今年《ことし》の初め、雪まだ深き頃よりして此處《ここ》にござる呑空樣と申す

幸田露伴の『雪粉々』からの抜粋

想され、騒乱が再現されるのを当局が心配したと思われる。なお、連載は明治三十四年に再開された。

ここで円空の足跡と考え合わせてみよう。寛文四年春に北海道へ渡り、寛文六年一月に弘前で発見されるまでに、現地でおよそ一年半ほど滞在していたことが分かる。北海道に残る円空仏は四十七体とされているので、寛文六年夏に礼文華窟屋で制作される五体を除き、およそ四十二体を一年半の間に制作した勘定になる。ほとんどの彫像が背丈一尺から二尺ほどの小柄の神仏像であり、一体当たりの制作日数は数日と予想される。

こうしたことから考えると、神仏の制作に要した実動日数は半年にもなるまい。つまり、アイヌの集落を巡錫する余裕は一年間ほどもあったと推察された。

円空が村で活動した内容は前記の小説の記述を参考にした。小説の舞台は静雁村とされているが、モデルとなった実際の村は静狩村、現在の山越郡長万部町字静狩と思われる。

その証拠はこの村から東へ数里ほど行くと、礼文華の窟屋が実在するからだ。円空はこの窟屋で五体の観音像を制作した事実があった。

三、観音像五体の背銘に円空の「隠し文」

筆者の狙いは円空の功績を捜索・抽出することにあった。前述のように、円空は寛文六年一月に弘前を追放されてから、青森経由で松前に戻った。それから円空が行ったことは、六月吉日に新しい松前藩主のために念じ仏を贈呈し、七月に礼文華の窟屋で五体の観音像を制作した。八月に内浦岳に立ち寄って後、北海道を去っている。

つまり、再渡道の主目的は礼文華の窟屋において観音像五体を彫刻し、北海道に残すことにあったと推測された。前出の書『円空仏と北海道』によると、礼文華の窟屋の中で発見された観音像五体には次の背銘が記されていたとある。

①有珠奥の院小島（背丈四九センチ）、②岩屋の岳権現（背丈三〇センチ、残る彫像はすべて同じ背丈）、③釧路の岳権現、④夕張の岳権現、⑤樽前の岳（現・内浦岳）権現、と山の神様である権現名が記されていた。この観音群にはいくつかの特異性があった。

有珠善光寺の白衣観音
（長谷川公茂氏撮影）

際立って大きい①の白衣観音については、後年に「有珠の小島」の善光寺に遷座され、同寺の本尊になった旨の注が前記書にあった。①の白衣観音にはさらに、次の「刻書の背銘」があった。

「有珠奥ノ院小島　江州伊吹山平等岩僧内寛文六年丙午七月二十八日　始山登　円空花押」（注・江州《こうしゅう》は近江の国、いまの滋賀県。寛文六年が丙午《ひのえうま》に当たっている）

特異性のまず最初に挙げられるのは白衣観音の背銘に出身地・職業・年月日・身分・円空名・花押と円空の履歴を記していることだ。仏像に作者名を刻むのは異例である。履歴と背銘は何の関係があるのか、礼文華の窟屋と何の関係があるのか、などの疑問が湧いてくる。

これは観音像の作者を示す署名ではなく、背銘の意味を教える作者名で、全体は円空のメッセージを伝える「隠し文」と考えられた。刻書にして、長年の風雨に耐える工夫がしてあることも「隠し文」であることを示唆している。

特異性の第二は五体の観音像の制作は寛文六年七月二十八日に終わり、次に八月十一日に駒ヶ岳近くの内浦山で一体の観音像を制作し、円空は北海道を去った事実がある。礼文華の窟屋は松前から遠く、藩には内緒で作業をして、北海道を立ち去るための場所として適している。彼は静狩村で暮らして、土地に恩義もあったにちがいない。何らかの置き土産を計画したように思われた。

特異性の三点目は四体の観音像に記された山にある。これらは円空が巡錫した北海道南部のアイヌの山と推察された。「岳権現」とは山の神のことだが、山の神の「神」を「ジン」と読めば「人」になり、「岳権現」は山の神、すなわち「山人」のことになる。

この「山人」を「サント」と読むと「山登」に代わる。同音漢字を類推した結果、円空がアイヌ人を「土人」から「山人」に、また「山登」に代えた証拠をここに残していることが分かった。

これら四観音は岩屋、釧路、夕張、樽前の「山人」、つまりアイヌの村人を表していた。四村の「山人」を集めて、何かを祈祷したのではないかと考えられた。

白衣観音の背銘を「円空の隠し文」と考えると、その謎が解けてくる。これまで円空を研究する人の中に、こうした解釈をする人は一人としていなかった。

その内容は自分の履歴に見せかけて、「江州」は「合衆」または「合州」、「伊吹」は「息吹」、つまり「息を合わせ」、「山平等」は「山人平等」、「岩」は「がん」と読み「願」、「岩僧内」では「僧の心の願い」、「始山登」は「師山人」で「山人の先生」となり、すなわち

「山人は合衆し、息を合わせ、平等が僧の心の願い」という「山人の先生・円空」の願文、または檄文《げき》（提言）」と考えられる。

円空は村人を集め、先生の願文・提言を残していたことになる。円空はこの言葉を北海道に残すために、わざわざ真冬に弘前から松前へUターンをしてきていたのだ。

有珠善光寺（五十住啓二氏撮影）

四、「天聴に達した」背景に近江商人の支援

円空が北海道を去って三年後の寛文九年（一六六九）、シャクシャインに率いられたアイヌ連合隊と松前藩との戦いが起きた。双方が数百人の死傷者を出し、取引所も商人の船も焼き打ちされた。松前藩は和睦を装い、山人の油断を誘って、シャクシャインを討ち取ったのが事件の顛末らしい。

事件の結果から見れば、山人たちは不満を残しつつも、この乱を最後に紛争は収まった。山人たちは日ごろの役人とは違う円空に接し、円空を師として将来を理解し、同化に転換したのではないかと筆者は推察する。

その後、白衣観音は有珠善光寺の本尊に遷座され、山人たちの心を鎮めるシンボルになったと思われる。円空が北海道で行った功績の証拠はこのような形で北海道に残されていたことが明らかになった。

北海道での活動は円空を考えるとき、非常に重要である。筆者はこれまで北海道の円空は幕府に隠れて黙々と神仏像を奉納したであろうと勝手に想像していた。

しかし、実状は違っていた。山人の村に入り、貧しい生活を彼らと共にし、山人を教育し、「師山人」円空の願文または檄文までを残していた。この「隠し文」の真意を松前藩に知られたら大事になることを承知し、周到に計画・行動し、そして作り上げていたのである。

円空は単なる遊行僧ではなかった。弱者を助け、義侠心が強い行動的な僧侶と分かった。この認識でこの後の円空の履歴を考えねばならぬと悟った。

後年、北前船事業が順調になった近江商人には、北海道の事業やシャクシャインの戦いなどを朝廷に報告する機会とか、また年次の功労者褒章を申請する機会があったと思われる。近江商人の身になって考えると、円空が四十二体の神仏像を造顕したことは、商人の営利事業の中で行ったことで、顕彰の対象になり得ない。しかし、「始山登円空」が山人たちに施した教育や平和のシンボルになった白衣観音の制作は近江商人には想定外のことで、これは円空個人の業績とするべきと考えられた。

　寛文九年の騒乱の後、山人たちが従属に転じたのも円空の功績として近江商人は評価し、朝廷に顕彰を具申したのではないか。その結果、今上天皇の詔と上人の号、錦織の袈裟を戴くことに繋がったと思われる。

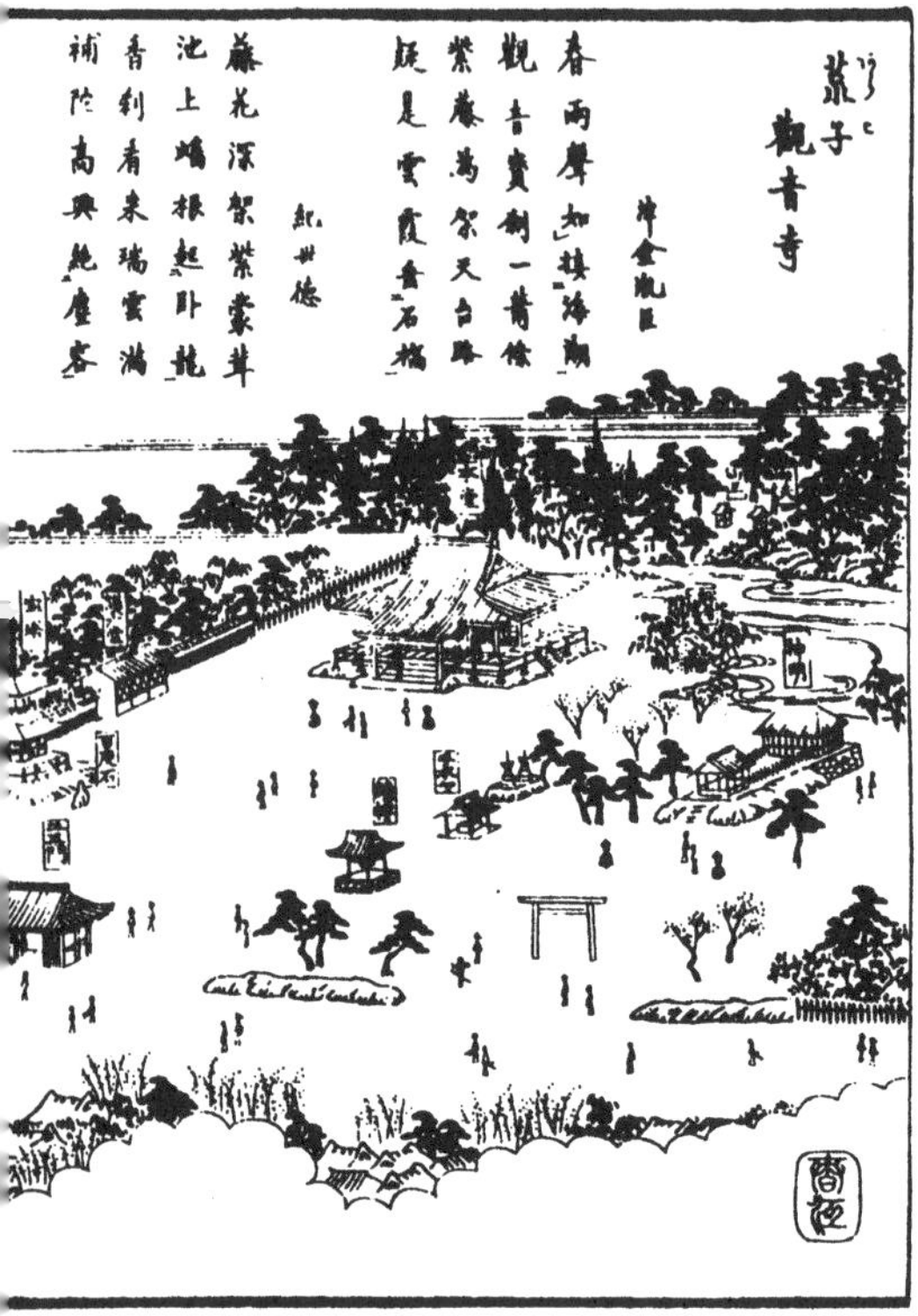

尾張名所図会』より）

　朝廷からの詔と褒美の一式は遊行僧・円空の活動拠点だった荒子観音寺にもたらされた。円空はこれに感謝し、後年、弥勒寺で入定の儀式を行うとき、天賜の袈裟を着て入滅している。

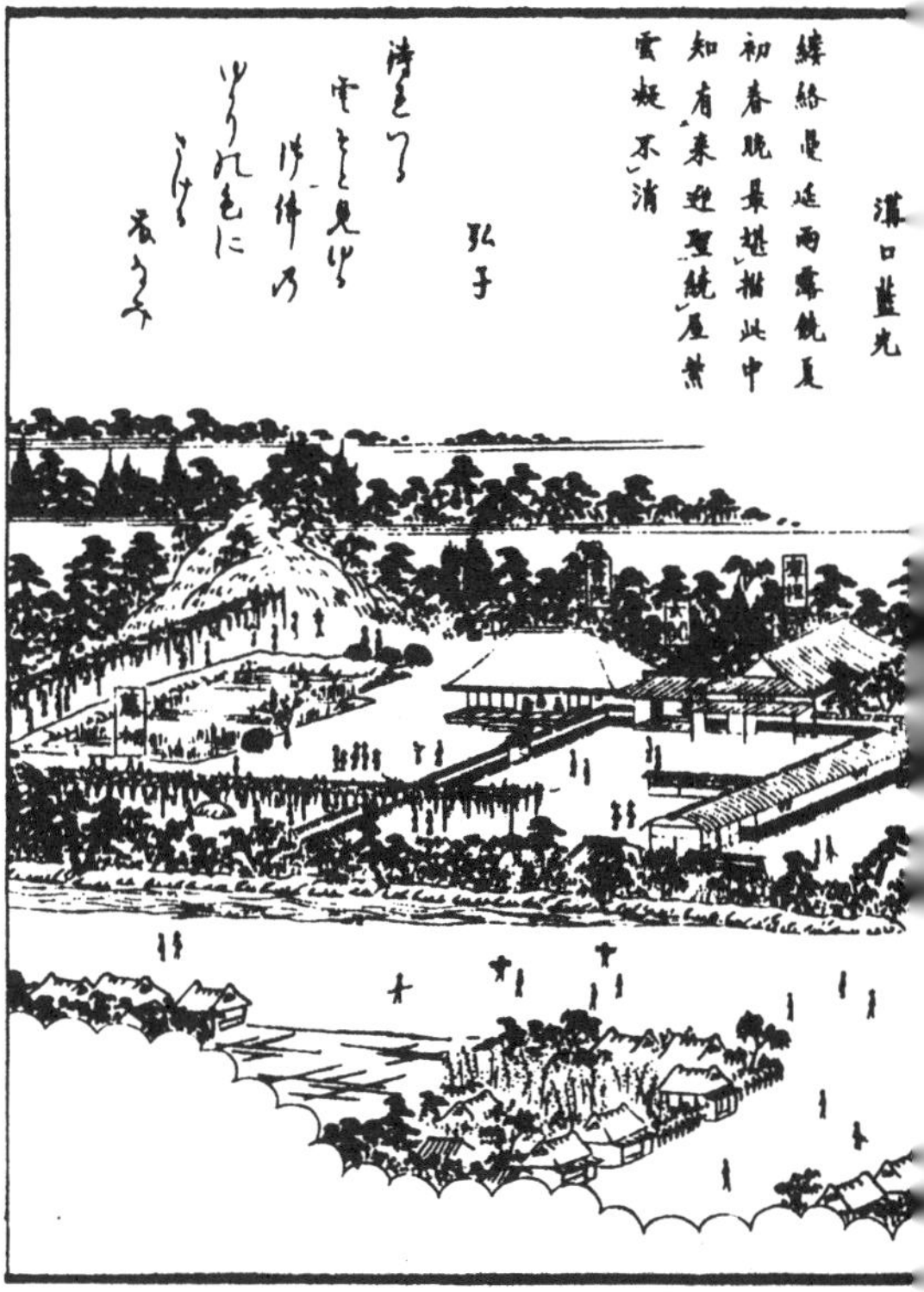

江戸時代の荒子観音

このことは荒子観音の『浄海雑記』の中の「円空小伝」の記事としてある。

円空の死後百五十年を経た記念の年に、荒子観音の住職全栄はこの関係資料を発見し、寺が名誉を受けた証拠に「円空の徳音は遂に天聴に達し」云々の一文にまとめて「円空小伝」に記した。関係資料は幕府や尾張藩に知られぬよう、廃棄したと推察される。天保十五年（一八四四）はいまだ江戸時代なので、明瞭な証拠品は禁制違反の疑惑を招く恐れが十分にあったのである。

寛文六年八月、北海道を後にした円空は寛文七年、北前船の帰り船を酒田（山形県）付近で待つことにして、その間の一年で東北各地を巡錫したと推測された。これは青森・秋田・岩手・宮城には数十体の円空仏が発見されていることから分かる。

五、帰国後の円空、自責の念にさいなまれる

尾張・美濃で切支丹の迫害があったのは寛文三年から七年（一六六三〜一六六七）にかけてで、円空の出身地である竹鼻（現・羽島市竹鼻町）でも切支丹迫害で多くの犠牲者を出していた。その中の最悪期間に円空は北海道・東北を巡錫していて、尾張・美濃には不在だった。旅から帰った円空は切支丹迫害の実情を知り、精神的な打撃を受けたと推察された。

切支丹禁制令は慶長十八年（一六一三）に徳川家康が公布した。寛永十四年（一六三七）には切支丹による天草・島原の乱があった。この事件後、切支丹の問題はなくなったと思っている人が多い。

だが、幕府の法律になった禁制令が消えることはなく、切支丹の取り締まりは明治五年まで続いていた。日本の切支丹史は『切支丹風土記（東日本・近畿中国・九州の三編）』（昭和三十六年、宝文館発行）にまとめられ、この近畿編に尾張・美濃の迫害史

郡名	町村数	切支丹村数	比率
厚見	51	47	0.92
各務	29	13	0.45
方県	48	3	0.06
羽栗	52	20	0.39
中島	31	4	0.13
石津	52	12	0.23
海西	24	2	0.08
多芸	62	4	0.07
不破	44	7	0.16
安八	88	28	0.32
池田	49	4	0.08
大野	102	13	0.13
本巣	57	12	0.21
山県	45	1	0.02
武儀	78	36	0.46
加茂	87	21	0.24
可児	49	33	0.67
恵那	63	11	0.18
合計	1011	271	0.27

席田、郡上、土岐の3郡は零

美濃で切支丹を出した村
（『羽島市史』より）

もある。

寛文三年から同十年の間に尾張・美濃（尾張藩）で起きた切支丹迫害の顛末については郷土史家の森徳一郎氏が執筆され、『愛知県史』にも収録されて公認の歴史となっている。美濃・尾張は岐阜城にいた織田信長がフランシスコ・ザビエルにキリスト教の布教を許した最初の地域なので、信者は特に多かったとされている。

尾張藩は切支丹の取り締まりを強化するよう江戸幕府から指導され、その摘発を実行に移した。寛文三年から同七年の間に尾張・美濃の全村から出た切支丹迫害犠牲者は二千人にもなったとされている。犠牲者供養のために、尾張藩は刑場「千本松原」に栄国寺（名古屋市中区橘一に現存）を建てたことで知られている。

寛文三年に尾張藩は藩内の切支丹の検挙を始めた。ちょうどそのころ、近江商人西川伝右衛門が北海道の松前に進出し、商圏を広げようとしていたときである。

新しい漁場に社寺を建設し、安全祈願をすることは地元のアイヌ人にも喜ばれ、松前藩の役人にも喜ばれる。奉納する神仏の御本尊は彫刻に優れた円空に現場で制作してもらえば、「三方良し」の近江商法にかなう。円空は近江商人から北海道における神仏像の造顕と奉納を依頼され、行くことになった。

この北海道旅行の間に、郷里にいた円空の縁者は切支丹迫害の犠牲になり、彼だけが生き残った可能性がある。帰国した彼は、死者が蘇ることを願ってか、千体仏などを多作しているので、サバイバル・ギルティ病（Survival Guilty Disease＝生き残った者の自責・後悔の念による精神障害）に陥ったのではないか。これは人間円空の研究で、ストイックな生涯を知った筆者の推察である。

十二神将を祀る鉈薬師堂

『浄海雑記』にある「円空小伝」は円空の北海道の巡錫について一言も触れていない。つまり、この旅は世間に内密の行動であったことを暗示している。

「円空小伝」の著者は「天保十五甲辰年（注・一八四五）五月　浄海山現住法印権大僧都全栄謹撰」とされている。「謹撰」の文字は、全栄師が切支丹禁制を冒さぬよう注意深く文を撰んだことを示している。迂闊《うかつ》なことは書けない時代だったのである。

千体仏を祀る津島の地蔵堂

　名古屋市覚王山の鉈薬師には円空作の薬師如来と十二神将が祀られている。仏像制作を依頼したのは張振甫《ちょうしんぽ》で、彼は明国の王族であったが、清による政変で地位を追われ、従者を伴って日本に避難してきた人である。

　幕府は入国を認めたが、尾張徳川家に一族を預けることにした。張氏は覚王山に居住し、尾張の藩医となる処遇を受けた。鉈薬師は張氏の請願で寛文九年に建立されている。

　これが北海道から帰国した直後の円空作品となるが、薬師如来三尊の容貌は柔和ではない。十二神将は従者たちの悲憤を映しているように思われた。この時期の円空には切支丹迫害への怒りや悲しみがあり、北海道で接した山人たちの怒りも反映されているようにも思われる。

　津島市の地蔵堂の千体仏、名古屋市守山区龍泉寺所蔵の木端仏など、制作年は不明とされているが、多くの円空仏は表情が硬く、この時期の作品ではないか。円空の心が穏やかにならないと、いま人気の微笑仏は現れまい。

龍泉寺の宝物館は毎日、鉈薬師は毎月二十一日に御開帳があるので、皆さんも実物を拝観して考えてみて下さい。いまもてはやされているような微笑んだ円空仏では決してない。

第二章　円空寺と円空　共生の道に開眼した円空

一、伊勢・円空寺の存在を明らかにした津矢田氏の論文

昭和五十年ごろ、伊勢在住の津矢田杢人《やつだもくじん》氏（故人）は『伊勢山田市史』寺社篇・廃寺の中に、寛文十年（一六七〇）の山田の大火で焼失の後、船江町越坂に移築された寺の中に「圓空寺（元下中之郷町）」の記事を発見した。同氏は事実関係を調査し、論文「円空と伊勢山田の円空寺考」（「円空研究」誌四七号・昭和五十八年）を発表した。

さらに片田の大般若経五七一巻にある「修復終了の覚書」に注目した。それには「時に延宝弐年寅之三月吉日六百巻積編ル者也　内三巻書納ハ宇治内宮古邨（注・ふるむら）布屋佐大夫子佳居三十七歳書納当寺ニテ」と記されていた。

津矢田氏はこれにこだわって神宮文庫で円空寺の持ち主が覚書に「布屋佐大夫」と書かれているのは偽名で、実名は御師《おんし》の「布谷左大夫」であると解いた。この論文は「志摩と円空」（同誌八五号・平成四年）に掲載、津矢田氏は円空と円空寺に関する貴重な情報を提供された。このことから筆者は故意の偽名ならば「子佳居」も疑わしく、実は娘佳子が経の欠版三巻を書き写したと推察した。

公表されている円空の年表によると、寛文十年の円空は美並村（現、岐阜県郡上市）神明社で天照大神を造像したとされている。この後、円空は御師布谷左大夫から、所有する

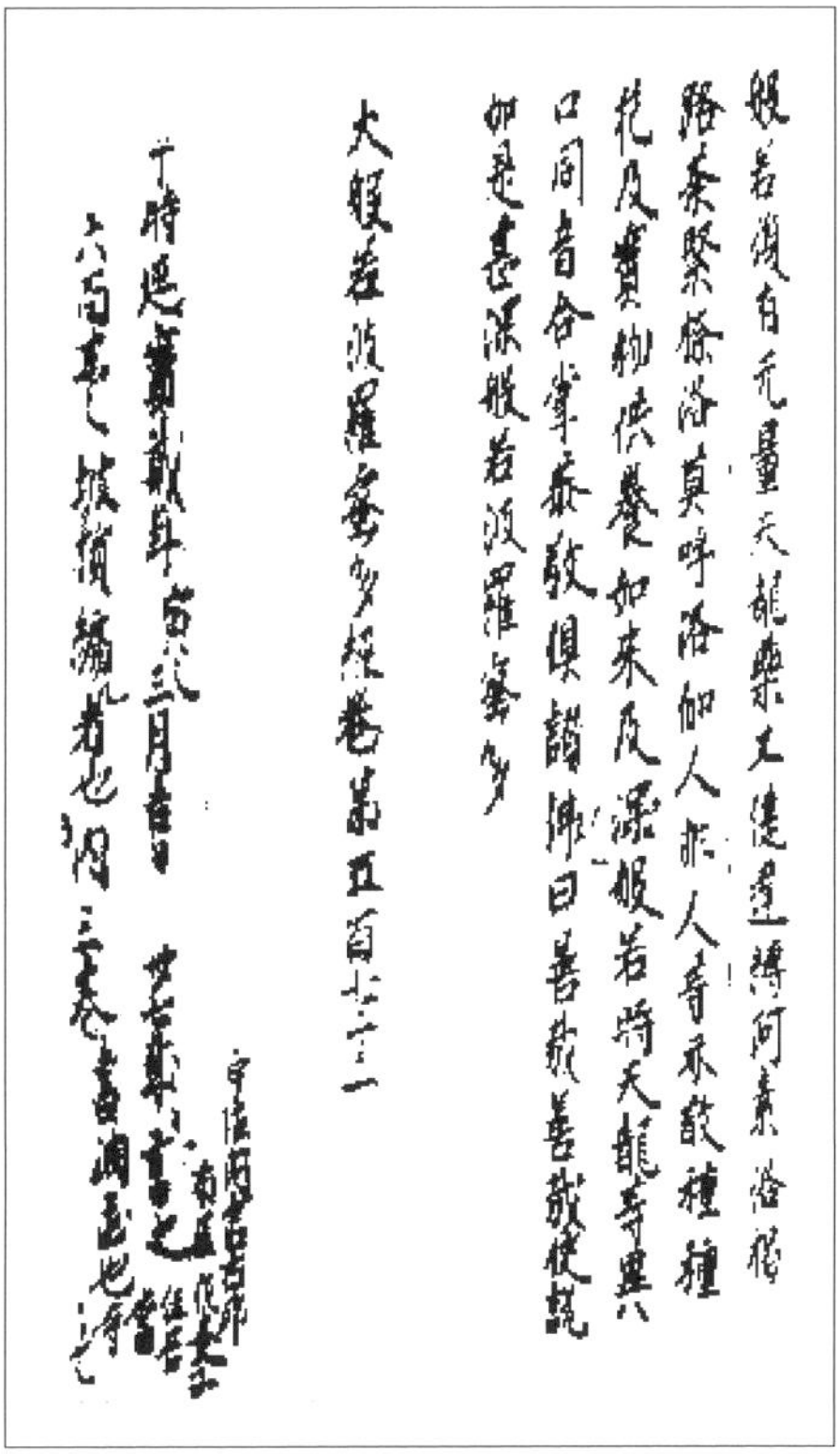

片田・大般若経第 571 巻の奥書

寺の住職に乞われ、伊勢に向かったと考えられる。
御師は伊勢神宮を宣伝して各地を旅する人だから、名古屋の鉈薬師堂で作った円空の評判を聞いてのことだと思われる。円空は承諾し着任したので、寺は「円空寺」と命名されたのが順序かと推察する。

だが、着任後の月日を数えぬうちに、伊勢山田で大火が起きた。津矢田氏の論文には次のように記されている。

「(伊勢の古文書『勢陽五鈴遺響《せいようごれいいきょう》』には) 寛文十庚戌年十一月二十四日亥刻、上中之郷大間広奈多屋瀬古、六兵衛寡婦方ヨリ出火、上中之郷ヨリ岡本小田橋ニ至リ、北東ハ吹上町善光寺ノ西ノ隅ニ及ブ。総テ五千七百四十三戸、仏寺八十九寺、死者四十九人ナリ」とある。

この大火で山田村下中之郷上之久保（現・宮町）にあった円空寺も焼失した。山田奉行所は家屋の過密化を憂い、円空寺を含む幾つかの寺の再建は他地区を指定した。

寛文十二年八月、円空寺は船江町越坂に再建された。この記録は『三方会会合記録』にあった。また引越先の越坂寺町の古絵図にも、円空寺が記載されていることが分かった（三方会とは山田を三区分した町の会合）。円空寺時代の円空の経歴概略は次の通りである。

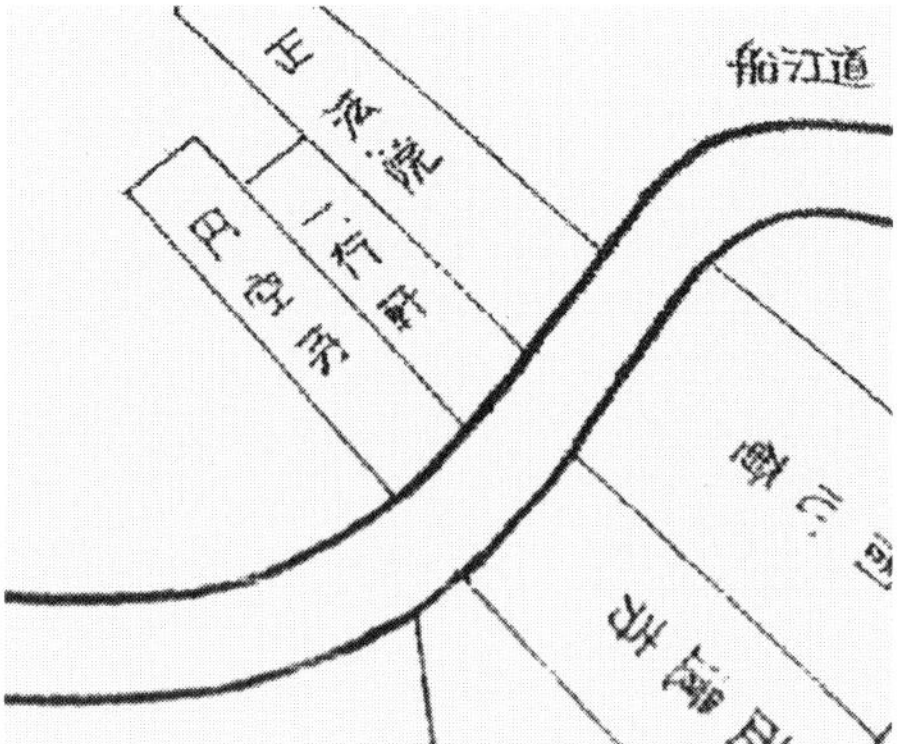

移転後の円空寺（『伊勢の災害』より）

・寛文九年（一六六九）　名古屋鉈薬師の薬師如来と脇侍および十二神将を制作。
・寛文十年十一月二十四日　伊勢山田の大火、円空寺焼失。
・寛文十一年七月　円空は法隆寺で法相宗の血脈受領、大峯山参籠、志摩各地を巡錫。
・寛文十二年　新しい町（船江町越坂）に円空寺再建。
・寛文十三年　秋ごろから大般若経の修理を準備か。
・延宝二年（一六七四）三月　円空は円空寺にて片田漁協の経典修復完了。

・延宝二年六月～八月　立神（現、志摩市・立神）少林寺にて立神の大般若経六百巻を修復。

円空の伊勢時代はおよそ五年間である。この間に円空の身上に見逃せぬ大きな変化があった。円空寺の焼失後、再建されるまでの一年余の間、円空は法隆寺修行・大峰山修行、さらには志摩半島を巡錫し、片田（現、志摩市・片田）三蔵寺に本尊の聖観音を奉納し、代わりに現在、片田漁業組合所有の傷んだ大般若経を伊勢の業者へ修理に出すことにしたと推測される。

片田の大般若経は破損し欠巻もあったが、修復する機会がなくて困っていた。円空が訪れて三蔵寺に聖観音を奉納してもらえば、大般若経はなくても漁業の安全祈願に問題はない。円空は自作の観音像と傷んだ片田の経とを交換し、修理を円空寺で行うことを提案したのではないか。

片田・三蔵寺の聖観音
（長谷川公茂氏撮影）

三重県の文化財調査官中岡志州氏は論文「志摩国の円空」（「円空研究３」昭和四十九年）の中で、片田漁協所有の大般若経について「経本は三蔵寺の什物であったが、故ありて山田の古道具商が所有していたものを、大正年間に漁協が買い戻した物である」と記していた。この経が現在の修復済みの経なので、片田では経の修復作業をしていないことは明らかで、この結果、「経を修復した所は円空寺」であったのは自明である。

山田の大火で御師布谷は寺も経も失い、船江町越坂に寺を再建したが、経はない状態だった。円空は「傷んでいる大般若経」を片田漁協が保有していることを知って、「その経本を円空寺が譲り受けて円空が修復し、代わりに円空作の聖観音を片田の三蔵寺に奉納すれば、両者の悩み事を解決できる」と提案したのではないだろうか。寺を失って困っている布谷のために、お役に立ちたいと円空は奉仕を申し出たのであろう。

円空寺の再発掘は円空について考えるうえで極めて重要なものである。今日まで山田村の円空寺は忘れ去られ、存在しないと思われていた。そのため片田の経典の修復は片田の三蔵寺で行われたとされてきた。

だが、津矢田氏の努力で円空寺が存在し、火災に遭った後に船江町越坂で再建されていた歴史も分かった。その結果を基に筆者が考察し、その経緯を推定することができたのである。

二、御師の布谷左大夫父娘、円空寺で経の修復を支援

円空寺は寛文十年（一六七〇）の火災で焼失、その後、船江町越坂で再建された。円空は再び住職を務めることになるが、その前後をいま一度、振り返っておこう。

・寛文十一年七月十七日　法隆寺にて円空は法相中宗血脈を巡堯春塘より受ける。

この証書は、円空が最晩年に住職になった岐阜県関市の弥勒寺に実物が存在する。

・寛文十二年八月　円空寺再建、船江町越坂。

・寛文十三年　円空は大峰山で修行、秋には帰任。船江町越坂の寺に入った。

・延宝二年（一六七四）三月、片田漁協の大般若経六百巻の修復完了。続いて同年八月、

立神の少林寺にて大般若経六百巻修復完了。

立神では村を挙げて経の修復をした記録がある。この記録は修復に多くの人・物・金が必要だったことを教えている。一方、片田三蔵寺には円空作の背丈二メートルに近い観音像立像一体が収まっている。由来の説明はないので、筆者は前記の推察をした。

越坂の円空寺は再建した第二円空寺である。円空は長期の修行で寺を留守にしていたので、義理堅く寺主の布谷に貢献しようと、大般若経の入手法を考えたと思われる。

だが、修行したおかげで経の修復中に九十六億の不思議な語呂合わせを思いつき、九十

六億を詠み込んだ和歌を創作した。そして心が変わり、遊行僧に戻る決心を固めた。

円空学会の調査では、片田の経典五百七十一巻の奥書にある円空の補修記録は完成年月のみを採用し、残る記述は意味不明だったので悪戯書きとして棄却されてしまった。不幸なことに、記されていた円空の記述も失われた。

この歴史の空白期間に円空は多宗教との共生思想に目覚め、和歌に残しているが、その心は人々に理解されなかった。当時、円空には結婚して住職を続けるか遊行僧に戻るかの選択に迷いがあり、円空の心は揺れていたのである。詳細は後節で再検討したい。

立神の少林寺の客間に飾られている二体の円空作護法神は怒る形相、困って悩む形相と見けられる。実は別棟の観音堂に円空作の大きな立木観音一体もある。これらはすべて円空の心の揺れを表していると考えられ、まとめて後述

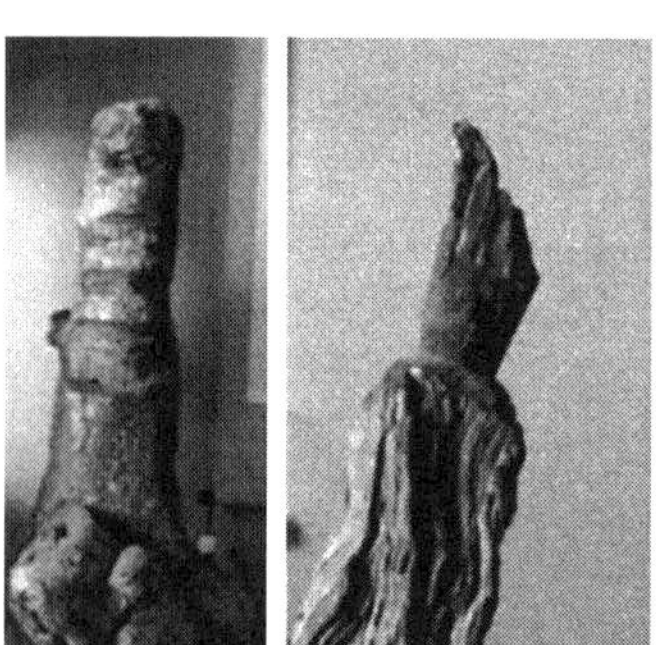

立神・少林寺の護法神観音

立木観音とそのお堂

する。

寛文時代から始まった伊勢の「おかげ参り」で、伊勢には宿泊客が増え、そのため大量の米・味噌・酒などが尾張の常滑・半田港から勢田川河口の河崎に輸送された。ここには商家が建ち並び、そのうちの一軒の米蔵・酒蔵が今日では博物館に改装され、「伊勢河崎商人館」の名前で観光名所にもなっている。

かつての繁栄ぶりを残す河崎の町並み

伊勢と尾張は物流と情報で直結し、水上交通によって共に繁盛していた。北海道・東北の旅の後に、円空が伊勢の寺の住職に招かれることに、何の問題もないと思われる。
ところで前述した通り、延宝二年（一六七四、寛文十四年に相当）に円空は片田漁協所蔵の大般若経六百巻を円空寺で修理した。修復は欠落した三巻を筆写・補填し、巻経を折経に作り替える仕事で、資材・職人・費用などを要する大作業であった。この経典の五百七十一巻の奥書に前述した次の作業報告が記されている。

「時に延宝弐年寅之三月吉日六百巻積編ル者也　内三巻書納ハ宇治内宮古郡（注・ふるむら）布屋佐大夫子佳居三十七歳書納当寺ニテ」

この経典の二百八十一巻の奥書には、円空が署名した和歌があり、修復の監督は円空自身が行ったことは明白である。それなのに「積編ル者」と書き、奥書に円空も円空寺の名もない。

また、ここにある「布屋」にも該当者がなかったので、円空作品調査のときには完成年月だけを採用し、残る文は誰か他人の悪戯書きと見做して、採用されなかった。つまり、「内三巻書納……」以下、円空と円空寺の履歴は脱落し、歴史が空白になってしまったのである。この時代、円空の年譜はいまだ確立していなかった。

この空白時代に円空の思想が変わったことに気付かれず、検討する対象にもされなかった。しかし、円空の思想の変化を記した文は、修復した片田と立神の大般若経に分けて、それぞれの奥書に和歌で記されていたのだ。

津矢田氏は後年、片田の大般若経五百七十一巻奥書の追跡調査をして、布屋佐大夫は本名を布谷左大夫という実在の御師であったことを突き止められた。その発見により、五百七十一巻の奥書で取り残された文「六百巻積編ル者也　内三巻書納ハ宇治内宮古郡布屋佐大夫子佳居三十七歳書納当寺ニテ」の文は復活し、次の新しい事実が判明した。

即ち、円空は御師「布谷左大夫」から依頼されて、片田漁協の大般若経六百巻の修復を行った。そのうち三巻を書き納めたのは御師の子三十七歳の佳居《かこ》だった。「当寺ニテ」という追記により、佳居は円空寺において三巻を写経したことも明らかになってきたのである。

三、片田と立神、二つの大般若経にある和歌の真意

円空は監修した片田の経本に木の葉のような形をした検査印を押している。円空が考案したもので、これが観光絵図の構図と似ており、神路山《かみじやま》・内宮・五十鈴川の外廓線を模したものと分かった。

また、この景色は新築の円空寺（船江町越坂）から真南に見える景色の略画と同じで、印の中にある黒点は神路山の麓にある古邨《ふるむら》（現・宇治館町）を指す点と考えられた。古邨には御師・布谷の家があったので、黒点は布谷親子に対する円空の敬意と憧憬の証と推測

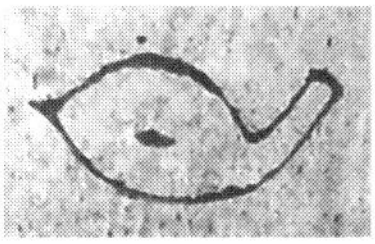
片田

立神

円空の検印（右）と神路山の望む風景画（「内宮観光案内図」より）

される。

なお、志摩半島にある片田の三蔵寺は伊勢から遠いので神路山は見えないし、佳子と推察される佳居《かこ》が片田の寺に来て大般若経の三巻を書き納めることは難しい。従って、修理場所は円空寺しか考えられない。

さて、中岡志州氏は論文「志摩国の円空」（「円空研究3」）で、片田の大般若経は伊勢の古道具屋から買い戻されたもの、と指摘されている。おかげで片田の経に記された「難解な」円空の覚書の意味が明らかになった。

明治に入って新政府は御師の制度を廃止した。これに伴い円空寺も廃寺となり、経は古道具屋へ引き取られた。経は大正年間に片田漁協の好判断で買い戻された。おかげで昭和にあった伊勢の空襲の火災を逃れた。

円空寺があった場所は津矢田論文によると、旧制宇治山田中学校、現在は船江公園付近と思われる。寺の痕跡はまったくないが、大般若経だけは無事に残った。津矢田氏の研究、中岡氏の論文のおかげで、円空寺時代の円空の重要な経歴が明らかになったのである。

延宝二年（一六七四）三月、円空は円空寺で片田の大般若経を修理し、次に同年六月から八月に志摩・立神の少林寺で、立神の大般若経を修復した。片田と立神のそれぞれの経の奥書に、次の和歌が記されていた。
・片田の経の第二百八十一巻の奥書（実は円空寺で記したもの）。
「イクタヒモタヘテモ立ル法（注・ノリ）ノ道　九十六億スエノヨマテモ　円空」
・立神の経の第六十二巻の奥書
「イクタビモタヘテモタルル法ノミチ　九十六オク末《スエ》ノ世《ヨ》マテモ　歓喜沙門」

片田の和歌の上の句は「宗教は何度耐えても立ち上がる」と詠み、下の句は上の句を受けて「九十六億（年）の世までも続く」と

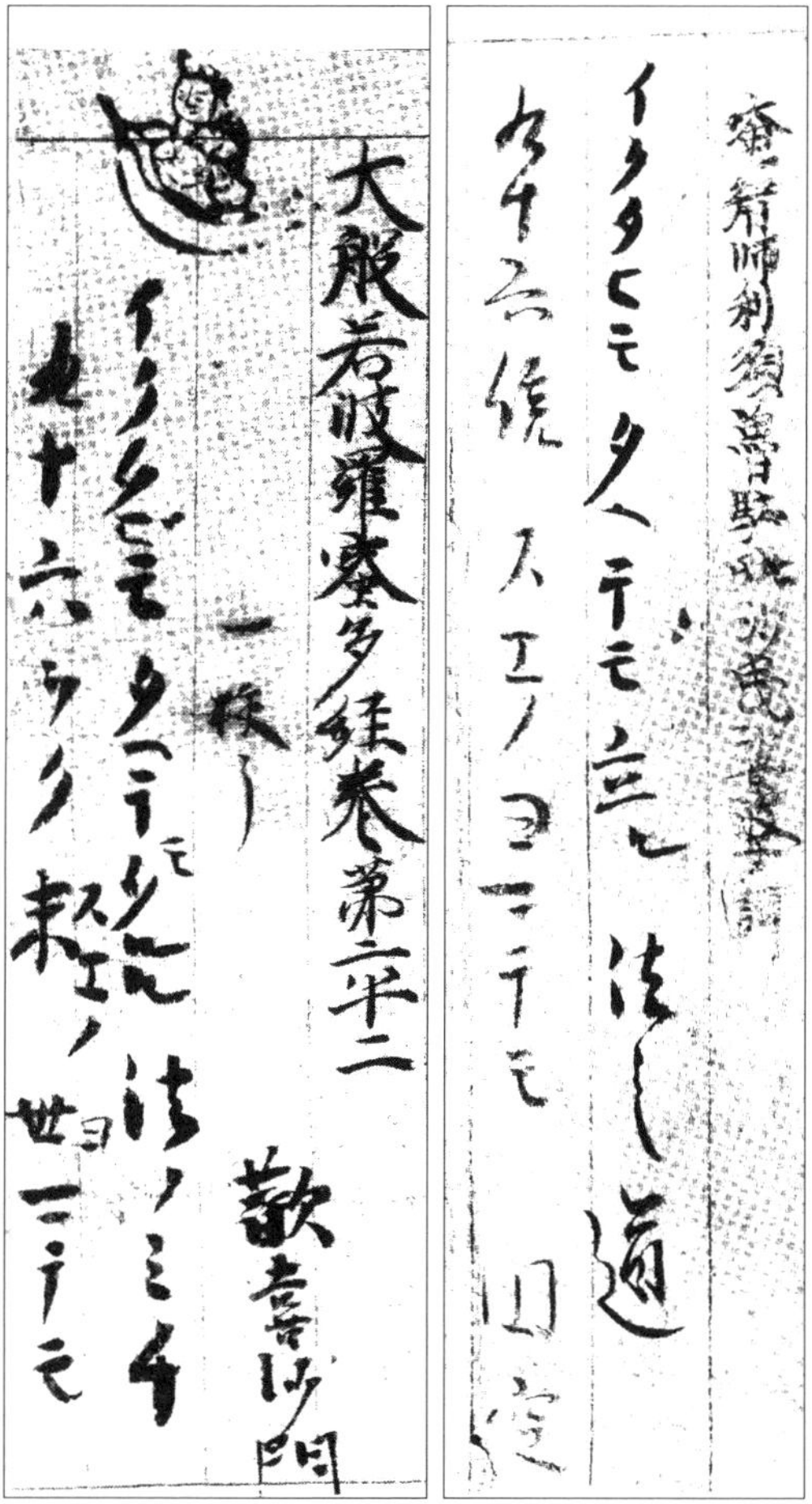

片田（右）と立神の大般若経奥書

賛美する定型句、つまり声明《しょうみょう》句または唱文《しょうもん》を作ったことが分かる。立神は上の句で「道」を「ミチ」に、「立ル」を「モタルル」にしたのは意味が深い。

漢字を仮名に書き直すと、漢字が持つ固有の意味が消えて、仮名から別の漢字のイメージだけが残る。「道」を「ミチ」にすると、固有宗教の意味は消え、宗教一般をも連想できるようになる。また、「モタルル」は「持続する」意味に変えたことが分かる

従って、立神の和歌は、幾度も耐えて持続する宗教（いかなる宗教も）は九十六億の末まで続く、という意味の和歌に作り変えられたことが分かる。

この和歌の元歌「イクタヒモタヘテモ立ル三会ノ寺　五十六億スエノヨマテモ」は高賀神社蔵の和歌集二百二十二番の弥勒信仰の歌で、円空が若いころに詠んだ習作であった。片田の和歌は昔詠んだ弥勒信仰の歌を基にし、お世話になっている円空寺の寺主、御師の布谷左大夫が信奉する伊勢神道を「法の道」になぞらえて作った歌と考えられた。

この時期に円空は九十六の語呂合わせを発見し、下の句には弥勒信仰の元歌では五十六億だったのを万能の九十六億に変更し、上の句の内容を讃える万能和歌に仕上げたことが分かる。

さらに立神における経の修復時には、片田で詠んだ和歌をさらに発展させ、上の句には

キリスト教をも永続する宗教の中に含ませるようにして、汎用賛歌に仕上げていたことになる。これを思い付いた円空は急いで経の奥書に書き残し、「歓喜」したのだろう。

以上まとめて解説すると、円空は若いころに作った弥勒信仰の和歌を下敷きにして、片田で万能賛歌の下句を作り、立神の和歌ではキリスト教を含む多宗教共生の上句を作った。この二段階の改作で、誰も知らぬうちに、キリスト教をも賛美可能な和歌に仕上げたと考えられる。九十六億によってキリスト教をも含めた共生の道筋のヒントを円空は得たのである。

四、理解されずにきた「九十六億」の仕掛け

モデルとされた弥勒信仰の和歌は下句が「五十六億スエノヨマテモ」となっている。そこで「五十六億」とするのが正しく「九十六億」は「円空の記憶違いと決めつける論文」(「円空の96億」I氏著「円空研究3」に掲載)が出されて、これが定説となっていた。だが、これは円空を「愚か者扱い」にして除外しただけで、解釈とは言い難い俗説である。

円空が「九十六億」に変更した理由は、千面菩薩に入っていた木端仏の数一〇二四体と関係があり、数学の語呂合わせで作られた数と分かった。脇道に入るが、ここで江戸時代

の洒落・語呂合わせについて説明する。

伊達宗行著『数の日本史』によると、江戸時代の算数用語は今と異なり、「割る÷」は「帰」だった。「掛ける×」は「因」、「自乗」は「自因」と言ったとされる。掛算の「九々」は当時からよく知られていて、禅問答にも使われていたと記されている。これにならって「九十六億を何と解く」の問答を考えると、次のような頓智問答ができあがる。

96の掛算は9×6＝54、次に5×4＝20、20＝2×10、2の10乗は1024である。

引き続いて、1024を何と解くかの問いを考えると、1024は10乗した2、漢数字で書けば、十乗した二、すなわち十二、十二は祭壇上の十字架、トーナメント結合で過不足なく一体となる数でもある。

さらに、十二は12、12＝4×3、すなわち12は4と3で割れる。↓4と3で「帰る」↓「よみかえる」↓「蘇る」となる。96は「蘇る」意味に繋がることが分かる。

これらは後節で再度検討するが、一〇二四体の意味は『浄海雑記』にある全栄法印の「円空小伝」の一節、「円空は十

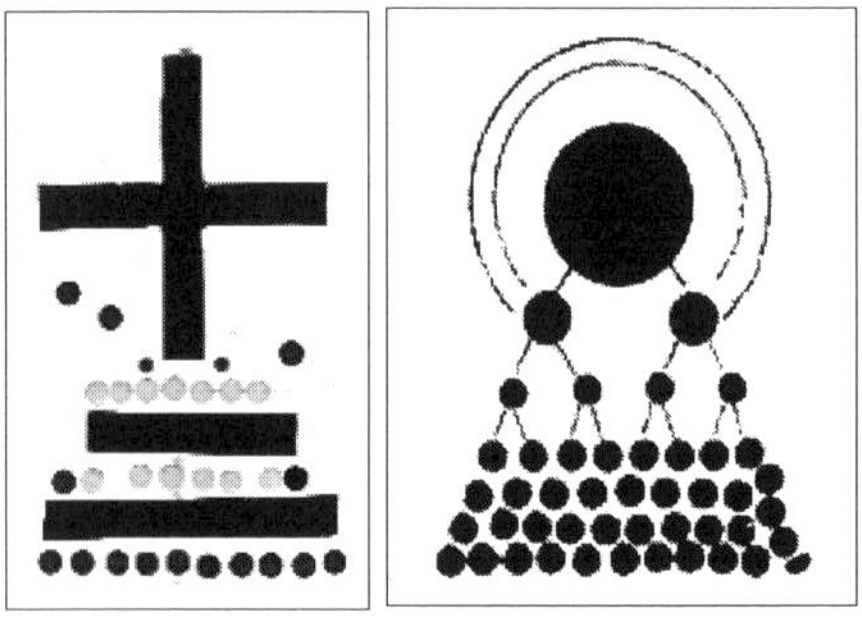

十字架とトーナメントのイメージ

二万の仏躰造顕の大願を発した」の十二は蘇える意味で、十二万体のことではない。これが正しく解釈できず、これまで十二万体造顕が独り歩きしてきた。

96、12、1024、「蘇る」そして千面菩薩の中に入っていた木端仏の数一〇二四は「算数の語呂合わせ」で派生することが分かる。円空は五十六を下敷きにして、これらの語呂合わせを考え、下句を「九十六億末の世までも」に修正していたのである。

円空は円空寺にいた時代に、すでに厨子に一〇二四体の木端仏を入れた千面菩薩を作れば、姿のない菩薩（法身《ほうしん》）、つまりイメージの菩薩を作ることができる、と気付いたのだ。これについては千面菩薩の章で再考する。

注：一〇二四体はトーナメント結合で一体にまとまる数。つまり、厨子の中の一〇二四の木端仏はすべてが繋がって、一体になっている菩薩を意味している。

以上の解説は語呂合わせで意味を引き出すための頓智である。この二首の和歌で完成する創作仏の原理（または、仕掛け）は円空の苦心作で、これを喜ぶ「歓喜沙門」の署名がそれを物語っている。

立神の人々は経典の修復が完成したので、円空は歓喜したと思ったことだろう。しかし、円空は切支丹を救うための構想を得て歓喜した、と筆者は推察した。

円空寺での経験が円空に思想的に大進歩を及ぼしたことを、これで理解していただけただろうか。この時代が白紙になってしまったことで、円空の心が変わっていたのに、人々はこれまでまったく気付かなかった。円空の研究者たちからも「(無学の)円空だから間違っても仕方がない」などとする気の毒な評価を受けることになってしまっていた。

円空寺時代は円空が三十九歳から四十三歳のころで、もう一つの悩みを課せられていた。人生の岐路に立って、選択を迫られていたのである。

その悩みは片田の大般若経五百七十一巻の奥書に、円空が書き残した「難解な覚書」から推察される。これについては後節で説明する。

円空はこの後、荒子観音で千面菩薩（姿のない観音菩薩）を創作し、延宝以降の円空は、従前の活動に加えて切支丹と共生のための活動も実行するようになった。この変化を知らない人々は円空の思想と行動は理解不能となり、円空は間違いの多い人とも言えず、制作仏だけを評価し、人物像は無視・不問・無評価の特別扱いをしてきた。

九十六億の歌はこの後に荒子観音、江南市の音楽寺の護法神像にも記されている。九十六億は円空お気に入りの語句であり、当然、間違いとする説は妥当と言えない。多宗教共生を説く語句と考える方に理がある。

五、住職として生きるか、遊行僧に戻るのか

円空が立神の和歌に「歓喜沙門」と記した理由は経典修復完了の喜びではなく、二首の和歌によって切支丹との共生のヒントを得たからと思われる。ところが、立神の少林寺床の間に飾られた円空作の護法神二体は、「もがき苦しむ怪物の様相」の彫像と「困り果てて考え込む人」の形を現している。志摩の民家に残された木彫りの浮き彫り（レリーフ）も「困り果てた」彫刻である。

和歌にある歓喜沙門の署名とは正反対の表情の彫刻である。これはどうしたことだろうか。この時期は新しく共生の道が分かった、円空寺から解放された、尾張へ帰国できる、と円空にとっては楽しいことばかりではなかったのか。

筆者はこの落差を考察し、片田の経の五百七十一巻奥書に「佳居三十七歳」と記されていることから、円空は四十三歳のときの苦悩に思い至った。円空は妻を得て円空寺の住職に落ち着くか、遊行僧に戻るかの選択に悩んでいたことに気付かされた。過去を簡単に振り返ってみよう。

北海道の作仏行は近江商人と契約した商業活動であった。ところがアイヌ集落に宿泊して、村人の厳しい生活実態を知り、師山人（アイヌの先生）となって村人を教育し始めた。

そして、北海道には人々を激励しようと礼文華の窟屋で、山人への檄文（または願文）を残した。

尾張に帰ると、留守中の切支丹迫害を知り、残された者の自責・後悔の念に駆られ、犠牲者を供養する千体仏を制作した。遊行僧として一生懸命に活動した円空も、年齢は四十三歳になっていた。

円空を心配した人たちは寺の住職の座を勧めた。御師の布谷左大夫は自分が所有する寺を円空寺と命名して、円空を住職に招いた。

だが、寛文十年の暮れに伊勢の大火で円空寺は焼失し、円空は法隆寺修行と大峰山修行の旅に出た。山では窟屋に籠り修行をした。

御師布谷は二年後に寺を再建し、再び円空を迎え、大般若経の修復を依頼した。全六百巻の巻経を折経に直す大作業で、円空は経典の仕上げを確認して検印を押す総監督だった。

この作業中に多宗教と共生する道を発見し、経二百八十一巻の奥書にその思いを書き付けた。欠損していた三巻の経は布谷の子佳居三十七歳が寺に来て、写経してくれた。これを補充して修復作業は終了し、完了報告は五百七十一巻の奥書に覚書として記した。

だが、円空は故意に円空の名を隠し、施主の名も漢字を変えて記した。その理由は佳居にあると考えられた。佳居は同音漢字の佳子で、女性と推察される。

布谷親子が寺の名前を円空寺とし、円空を迎え入れたのは、円空寺の住職として定住してもらうためだった。円空寺は寛文十年暮れの火災で焼失したが、その後、円空は法隆寺へ行って修行し、法相宗の血脈を願い出てもらっていた。この証書を布谷に提出し、円空寺の住職に納まる気持ちがあったからだと推察される。

しかし、その後に大峰山の修験道場へ行き、窟屋に籠る修行をして、気持ちが変わった。円空寺に戻って、片田の大般若経の修復という仕事をしている間に、「共生のヒント」を詠んだ和歌一首を作ってしまった。円空は「遊行僧に戻る」ことを考えるようになった。

だが、世話になっている布谷親子をにわかに落胆させることはできず、窮余の策として、作業の完了記録には報告者名を「六百巻積編ル者」、場所は「当寺ニテ」として自分の名を記さず、遠回しに住職は受けないことを示した。もし円空と記せば寺の住職を自ら認めたことになるので、この成り行きを避けようと考えたのであろう。

完了記録は大般若経第五百七十一巻の奥書に小さく残し、円空が寺を去った後にだれが修復したか分からないように配慮されていた。この「難解な覚書」は円空学会の調査員諸氏を困惑させ、覚書は他人の悪戯書きと判断して棄却される結果になってしまった。

実は円空の心境の変化を考えるとき、ここが重要な個所だった。肝心の円空寺の事績は消され、歴史に空白を作る結果となってしまった。

ところが、円空は覚書に「子佳居三十七歳書納」と追記し、佳居（子）に心残りがあったことを明かしていた。迷いを持ったままで、同年（延宝二年）六月から立神・少林寺所蔵の大般若経六百巻の補修作業に入った。同寺所蔵の円空作・護法神二体は前述のように悩みを抱いた複雑な表情である。

さらに立神の大般若経六百巻のうち、約百三十巻には円空が描いた扉絵が付けられているが、その中の約半数はほとんどが同じ構図で、経を読んでいる人の座像と思われた。優しい容貌から女性と見受けられる。

立神・大般若経第 110 巻にある扉絵の一例

この人こそ円空寺で大般若経の修復作業をした折、寺に来て欠落三巻を書き写した「子佳居三十七歳」の肖像だと筆者は推察した。扉絵・全百三十枚のうち、半数が同様な肖像画であることから、円空の深い思いが感じられた。

「子佳居三十七歳」とは佳子を逆に書き、しかも佳居《かこ》と同音漢字で書いている。これは本名を隠す工夫と思われた。年齢を記したのは正直な告白で、当時の円空は四十三歳だったので、女房といっしょに円空寺の住職として楽に暮らすのか、それとも一生を遊行僧で貫くのかの選択に、迷い悩んでいたのだろう。

遊行僧として、潜伏切支丹など社会の弱者のために活動すべきことがあるのに、ここで安住していてよいのか。そんな反省もあったはずで、答えは簡単に出せなかったと思われる。

志摩に残る顔の彫刻、少林寺所蔵の円空作の護法神像は円空の懊悩《おうのう》と悟り（諦め）を表している。護法神とは現代の人が何か分からない彫像に付ける常套手段の代名詞で、円空が命名したものではない。

さて、円空寺での経典修理は延宝二年三月吉日に終わり、次の立神の大般若経修理も、延宝二年八月中旬で終わった。円空は作業中に和歌を二回改作して、将来の方向「共生の道」を見つけて「歓喜沙門」の署名をした。布谷親子に傷をつけないよう、経の奥書にメモを残し、円空寺とは別れる方策を取ってきた。

すべてを終えた円空は懊悩を断ち切るために、少林寺境内にあった背丈一・五メートル、直径五十センチから六十センチほどの立木観音を制作した。現在の立木（断ち気）観音は小観音堂で覆われているが、狭い所に押し込められて、筆者には苦しげな雰囲気に見えた。将来の道の選択は苦しかったのであろうと推察した。

悩んだ後の円空は尾張の荒子観音に帰り、「四鎮如意」の「千面菩薩」を創作し、切支丹と共生の道を開くことになる。いま人気の柔和な円空仏の作風はこの後から始まったことが分かる。

円空が上人になったのはこの悩みを解脱し、蘇生の思想に転換してからのことだ。伊勢の円空寺時代は上人への踏み切り台となった注目すべき時期なのである。

第三章　尾張・美濃と円空　千面菩薩の功徳を広めた円空

一、荒子観音にある千面菩薩の謎解きに挑む

延宝年間、荒子観音にて円空が創作した千面菩薩（口絵参照）は彫像ではない。間口三七センチ×奥行き二一センチ×高さ五〇センチの木箱（厨子）の中に一〇二四体の木端仏が入れられていた。

箱は円空の手で釘付けされており、開けないで拝礼することを前提とした作品である。箱の正面は、中央に別掲の観音の種字と「南無大悲千面菩薩」の文字、右上にある「鎮民子守之神」は聖母マリアを示唆している、左上の「四鎮如意野会所」は四方すべてを鎮めるとして、言外に切支丹を入れている。右下の「観喜沙門」は喜びを示す僧で円空のこと。左下「信受護法」は護法を信じて受けなさい、裏面に和歌の墨書「是也此之クサレルウキキ（注・腐れる浮木）トリアケテ子守ノ神と我ハ成奈里（注・ナスナリ）」があり、これはこのままの意味である。

1024は2の10乗の値で、トーナメント結合して全体が一つにまとまる数である。また、箱の中は「一体の千面観音菩薩が坐す」と、礼拝者に暗示を掛けている。礼拝者は「自己の信じる神仏が箱の中に存在すると想像して」礼拝する。

観音の種字

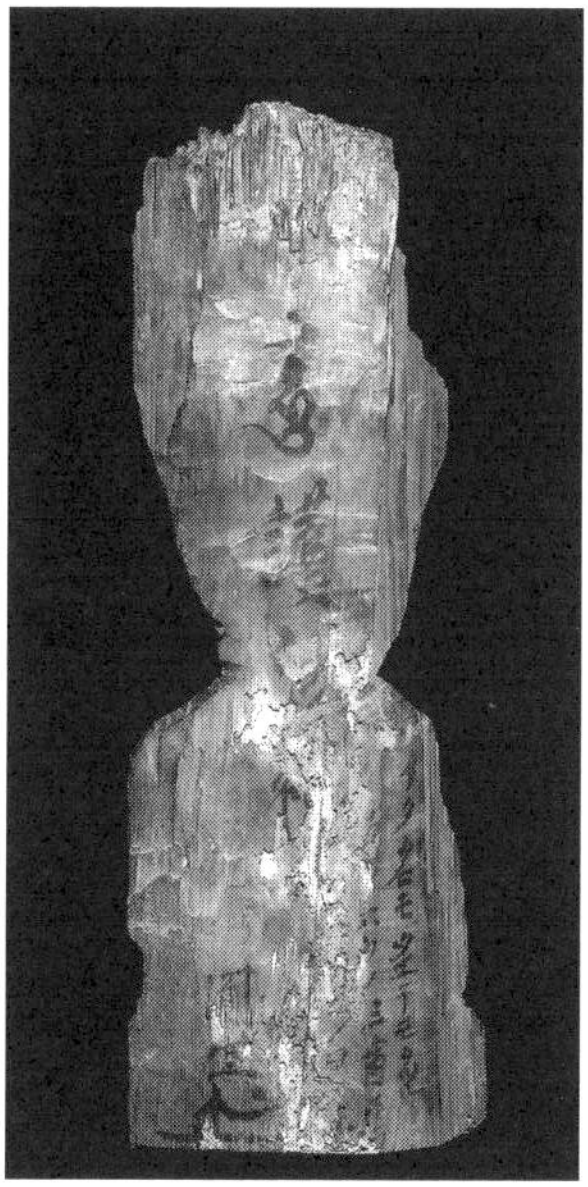

本堂脇壇に置かれていた護法神、背には和歌が
（前田逸氏撮影）

円空は「想像する方法」を「護法」と名付け、怒髪の神像を作り、像の背面に「護法神　イクタヒモタヘテモタルル三会テラ　九十六オクスエノヨマテモ」と歌で説明した。

この歌の下句は志摩・片田と立神の大般若経に書き残した和歌の下句と同じである。96から数字の変換を用いて自分の神仏を想像する法であった。

上句にある「三会テラ」とは、キリスト教会のことであろうと考えた。教会ではお祈りに「父と子と聖霊と三者の名を唱える」からである。教会とも寺とも書けなかったのでテラとした。円空はキリスト教を学んでいたことが分かる。

以上が千面菩薩の原理と考えられた。仏教用語で言えば、この菩薩は法身（姿のない）

菩薩である。別の考え方は、１０２４は２の10乗であり、縦書きの「十乗した二」十二から「十字架を連想して」、「切支丹の人の祈りも受け入れる菩薩」と示している。この護法神像の和歌によって、千面菩薩創作の構想は伊勢の円空寺時代に着想していたことが分かる。

円空は伊勢に滞在して、伊勢神道を学んだ。この宗教は「天」では法身《ほうしん》の大日如来が、地上に現れる姿は天照大神という考え方とされている。

円空はこれにヒントを得て、箱に入った「法身の菩薩」を創作したと考えられた。誰が礼拝してもよく、もし万一、箱が開けられても中は木端仏だから、何の咎めも受けない。安全・安心の菩薩なのである（注・目に見える神仏は識身《しきしん》と言う）。

見方を変えると、千面菩薩の箱の中に「菩薩がいるとも、いないとも」言える。それは「色即是空、空即是色」と、般若心経の世界を教える立体模型のような仕掛けでもある。普通の菩薩とは全然違うことに注意をしていただきたい。

近年ではイリュウジョン・マジックが流行りだ。円空はすでに千面菩薩でそれを実用化していたと言える。

円空は自分の身代わりとなって千面菩薩の功徳《くどく》を説く乙護童子を創作し、彫像を制作した。ただし、乙護童子は円空の心にある「身代わり＝分身」なので、外見は円空自身で、円空自身が一人二役を行うことに他ならない。

　乙護童子の写真を見ると、円空が乙護童子の背面に彫刻した文字は「乚丸乚護法」であった。辞書を開くと、乚《おん》は隠を意味する漢字である。

　乙護童子は円空の身代わりだから外見は円空であるが、心には乚丸乚護法を持っているわけで、円空の彫像は正直な彫像である。乙丸乙護法の文字を彫り付けたとする『浄海雑記』の記載が違っていると考えた。

乙護童子、背の右に「乚丸乚護神」とある

　最初、『浄海雑記』の著者は彫像の文字を見間違えた、と筆者は思った。しかし、乚は隠す意味の漢字だと分かってみると、このままでは円空が何を隠したのか疑われて面倒なことになるので、住職は機転を利かせて『浄海雑記』にはLと同じ字画の漢字乙に変えて乙護童子と記録したのであろうと思い直した。

この後、円空は飛騨の千光寺に逗留し、両面宿儺《りょうめんすくな》を制作し、その背には「十五童子」と記している。さらに自作歌集まで使って、荒子観音の男童子を引き合いに出して、自分の両面性を説明した。この説明に沿って考えるためには、荒子観音の男童子はL丸つまりL護童子であろう推測した。

『浄海雑記』では乙護童子に替えられていたが、彫像の童子の背面の写真にはL丸の文字が写っており、推測は正しいと分かった。円空は自分が両面の活動をしている真の姿を千光寺の住職にも理解してもらうため、両面宿儺を作るという大変な手間を掛けていたことが分かった。

乙護童子の写真により、円空は正直に護法の真意はL（隠）だと刻書したことも分った。そして、千面菩薩の「四鎮如意」の御利益は、L（隠）護法により切支丹と共生を図る思想と推察された。共生のために円空が成した工夫の数々がここにあった。

二、通説「十二万体造顕」の発願などはなかった

円空は仏像十二万体造顕を発願したとするのが通説となっている。しかし、十二万体を作るのは一生かけても不可能なのは計算してみれば分かることだ。この言葉の出典は『浄海雑記』にある「円空小伝」で、円空は「十二万ノ仏躯を彫刻する大願を発した」にある。『浄海雑記』の作者は「円空小伝」を引用するために、まず円空を紹介する前文で「諸国を巡り、仏像十二万躰を刻セリ」と記した。従って『浄海雑記』には二種類の十二万体のあることが分かる。

だが、小伝にある「十二万ノ仏躯を彫刻……」の記述が原典で、意味は「ヨロズが蘇る仏」であり、「十二万体の仏」ではない。先に「九十六億」を考察したように、「十二」は数値ではなく、「数字の言い替え遊びで生まれる形容詞」なのである。当時の数学は割る（÷）を「帰る」と言っていたので、12は「4と3で帰る（ヨミかえる）」、つまり「蘇る」意味と考えられた。

禅問答に慣れた全栄師の頓智で、「万《よろず》の（犠牲者）が蘇る」「仏を造顕する大願を発した」円空の願いを、「十二万の仏躯造顕の大願を発した」と表現したものと推測した。

この時代、「切支丹迫害犠牲者の蘇生を願った仏躯を彫刻した」とは言えなかった。このために苦心して作った「替え字」と考えられた。この「仏躯」が木箱に一〇二四体の木

端仏を内蔵したもので、つまり千面菩薩だったのである

三、中観音堂の十一面観音は千面菩薩の身代わり

羽島市・中観音堂の美麗な十一面観音は、実は十面観音で面が一つ足りないことで知られている。美麗な風貌の観音様を円空の間違いの作だとは言えないので、円空の謎の一つになっている。

十一面観音の制作時期は千面菩薩が創作された後の円空作品と考えられた。ところが、千面菩薩は礼拝者の想像の中に現れる神仏で、法身《ほうしん》（姿のない）の神仏である。想像を誘発させる千面菩薩がないと説明は困難で、庶民に説明するために、具体的な姿が必要だったにちがいない。

中観音堂の十面観音
（長谷川公茂氏撮影）

そこで、姿を現した千面菩薩の変化《へんげ》である観音像は如何なる姿になるべきか、と円空は模索したことだろう。その結果、苦心の創作観音像が中観音堂の十一面観音だと筆者は推察した。

円空は意図して「儀軌に定めのない」十面観音像を制作した、と推察される。だが、この観音の原型は千面菩薩なので、功徳は同じく「四鎮如意」で万人を受け入れること、つまり、切支丹も受容する観音でなければならない。

その工夫の跡は背面に残されている。槍鉋仕上げの「粗野《そや》な背面」、数カ所に押された判じ物の「家・そ」の押し印にある。これらは当時流行った判じ物、つまり絵を用いた謎解き遊びで、「家・そ」は「やそ=耶蘇」になる。

裏面に、裏の意味がある、と教えていることが分った。その他に、この観音には「内部を見ると目が潰れる」と言い伝えられた「埋め込み」が背中にある。

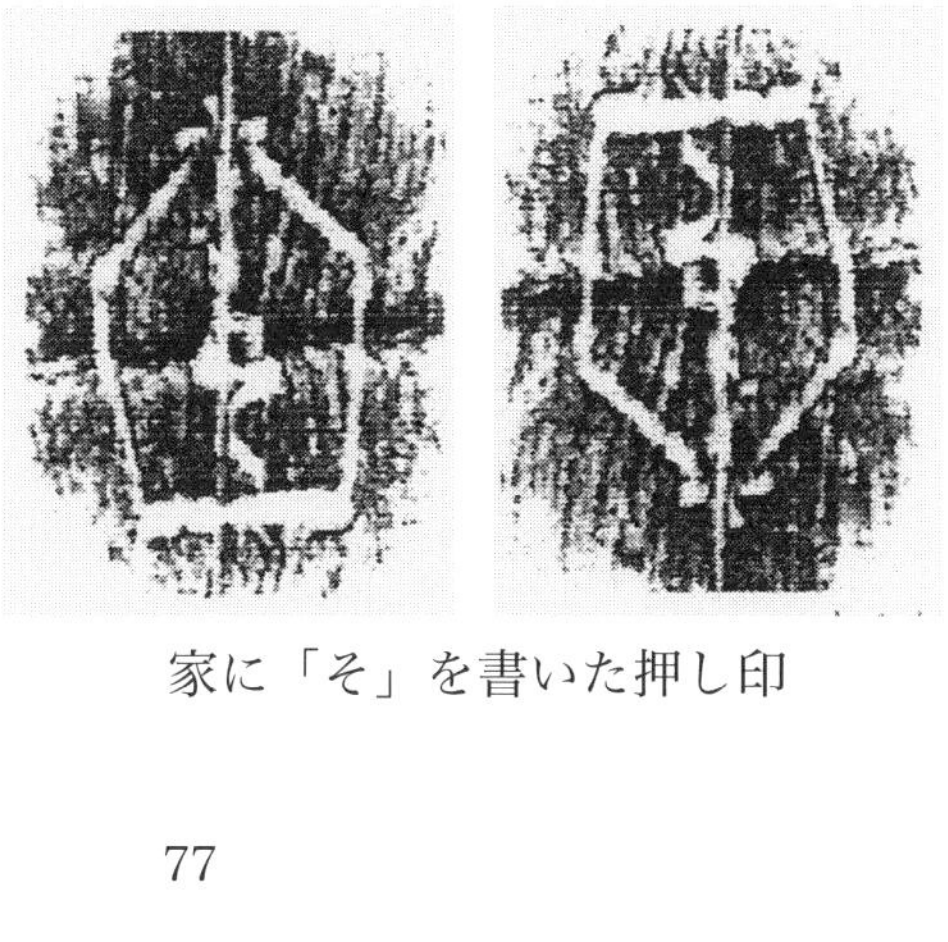

家に「そ」を書いた押し印

二〇一九年五月、観音の背中にある、開放厳禁の「埋め込み」の蓋が開かれた。このような埋め込みには、仏舎利の意味で石が一つ入っているのが通例とされるが、この観音では五個の石が出てきたと新聞に報じられた。

しかし、実際は手鏡・水晶・石など沢山の品が発見されたらしい。円空の意図が複数の神仏の礼拝(つまり共生)にあったことは明らかで、真意は切支丹関係の人も受け入れる「四鎮如意」の観音(千面菩薩の変化観音)であったと筆者は推察し、これまで自分の考えてきたことが正しいと確信するに至ったのである。

四、飛騨千光寺の両面宿儺は十護童子=乙護童子を示唆

話はかわって飛騨の名刹・千光寺には円空作の両面宿儺《りょうめんすくな》像が所蔵されている。伝説にある両面宿儺像は両面が背中合わせになっているが、円空の宿儺像は両面とも正面を向く、異色の両面像と説明されている。この像の背面には、「功徳天十五童子」の墨筆がある。

一方、同寺には円空作の和歌百首

正面を向く千光寺の両面宿儺
(長谷川公茂氏撮影)

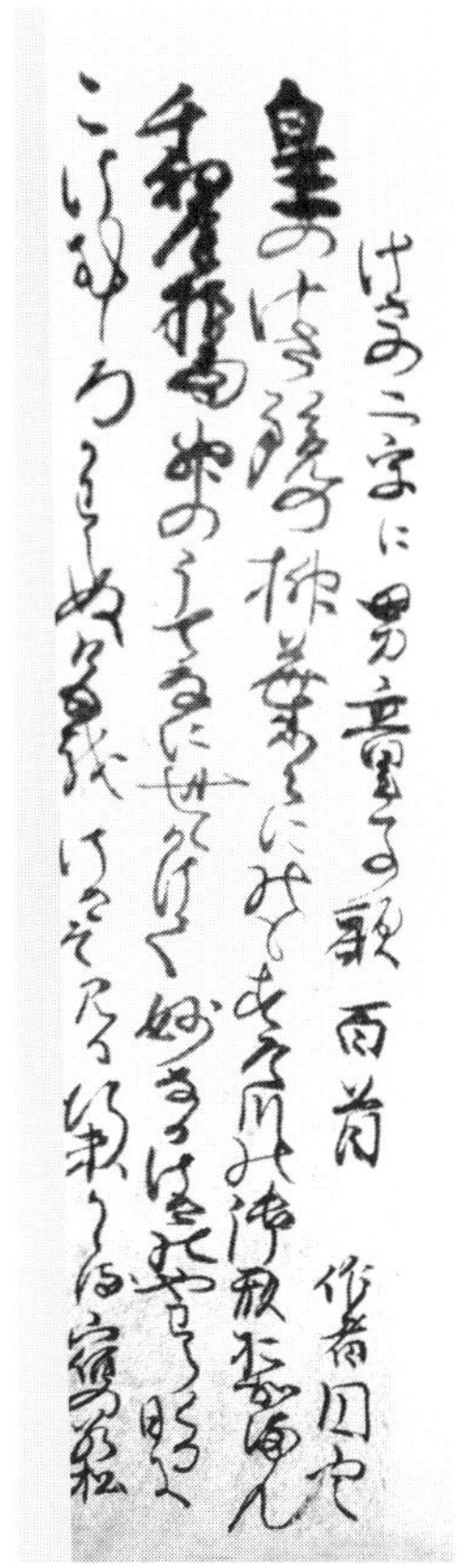

和歌集の表題

を集めた、和歌集が所蔵されている。歌集の表題には次のように、不思議な文言が入っている。

「けさの二字に男童子歌百首　作者円空」

実物の歌集に横線はないが、線の部分が少し曲がっている。「ここに注意」という円空の指示と思われた。

男童子と言えば、荒子観音にある乙護童子像（実は円空の自身像）一体と、千光寺の両面宿儺像の他に心当たりはない。とすれば「二字」とは「二寺」の変え字と察しがついた。つまり、「乙護童子像（実は円空自身像）」と両面宿儺像は作者の円空である」と円空自身が示唆していたことが分った。そこで背銘の乙丸（実はL丸＝L護童子）と十五童子は「円空の身代わり童子である」と円空は示唆していた。

乙は『浄海雑記』にある記述で、円空自身は（写真を見れば分かるように）Lと刻していた。そこで、乙護童子（実は円空の自身像）の乙丸（＝L護童子）は、両面宿儺では十五童子（＝十護童子）であると推測された。

また、Ｌ護法（『浄海雑記』には「乙護法」と記されているが）に対応する両面宿儺像の文字は、肩に記された梵字の「ウ」に該当することが分かった。円空は二寺の（身代わりの）男童子を対比することにより、Ｌ護童子が十五（護）童子であると示唆していた。すべて示唆によって、円空の分身は切支丹を護る十護童子であること、また、円空は両面宿儺のように一人二役（つまり両面の姿）をしていることが千光寺で明らかになった。

円空は諸々《もろもろ》の謎掛けで、「共生の社会のために活動していた」ことを千光寺で教えていた。彫像にあるＬ字を『浄海雑記』では乙字に読み変えられていた。千光寺の両面宿儺の真意も、そして乙護童子の真意も、これまでは分からなかったので問題にされずにきた。

だが、十字印は二体の童子を並べて想像し、初めて存在することが分かる仕組みとなっていた。乙護童子像の前面・背面の写真

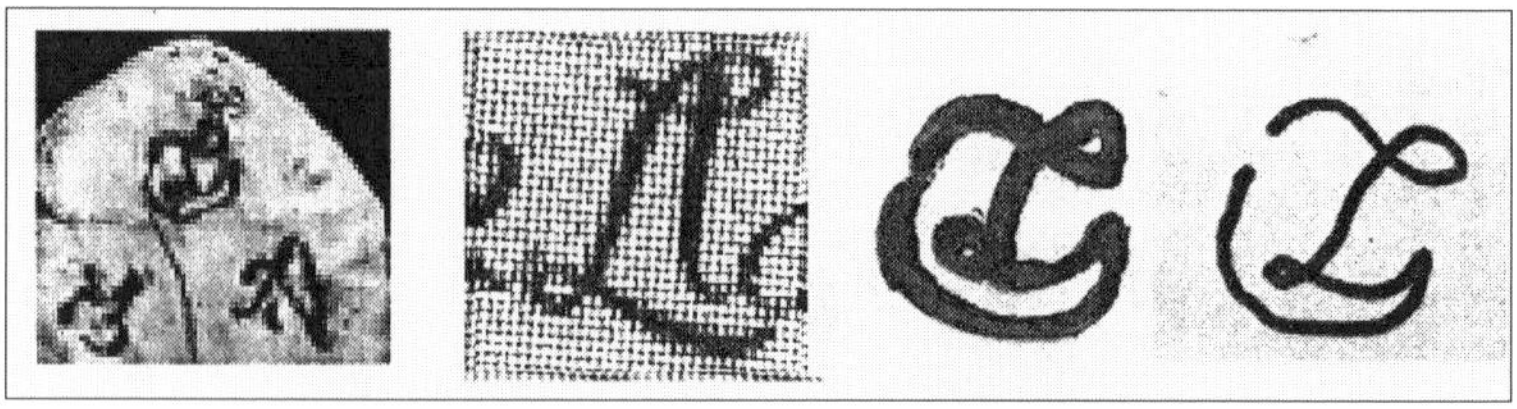

梵字「ウ」と「Ｌ」字の考察
両面宿儺の背文字（左）と「Ｌ」字の各種筆記体

が冊子「荒子観音の円空仏」で紹介されていたので、円空の真の構想を知ることができた。

前節の論理を整理すると、乙護童子像は「円空の自身像」で、背に刻まれた文字「L丸L護法」の意味は、「心に抱く円空の分身・L丸（＝L護童子）がL護法を持って千面菩薩を布教する姿」と考えられた。歌集の表題によって、乙護童子と両面宿儺像は共に円空を示唆していることが分かったので、両者の背面を対比すると、L護法に相当する文字は、梵字の「ウ」と言われる記号と推察された。

筆者が「ウ」の筆運びを考察したところ、「アルファベットLの筆記体・大文字」を基本形として、筆の起点と終点を結ぶ「一筆書きと同形」と考えられた。この形を「L印」と仮称し、梵字の「ウ」は「L印」と見なして、既報の論文で「ウ」が記された仏像を調べてみると、円空が共生の活動として彫像を制作した数を推定できる。換言すれば、梵字「ウ」が記されている仏像は、乙護童子（＝L護童子）が制作した千面菩薩の変化観音であろうと考えられる。

自分で「ウ」の数を調べるのは大変だが、この数が既報の論文にあれば、L護童子の活動実積に換算できると考えた。期待した論文は「円空研究31」に、私の論文と並んでいたのに驚き、感謝した。

井村安一氏による「梵字『ウ』に関する研究論文」である。同氏は「ウ」が記された円空仏約七十体を調査し、「ウ」が梵字の何に当たるかを検証され、「ウは梵字に非ず」と結論されていた。

筆者はこの七十体の円空仏こそ、乙護童子（実はL護童子）が制作し、L印（隠印）を付した「千面菩薩の変化観音」であろうと推察した。換言すれば、共生を図るための彫像で、円空が共生のために活動した実績と考えられた。

第四章　終業の儀式を行う円空　江州伊吹山と金木戸観音

一、「天聴に達した」円空の徳音、陰に近江商人の推薦

円空は延宝八年（一六八〇）から元禄二年（一六八九）の九年間に、関東から美濃・飛騨の広範囲に足跡を残している。円空と「心の分身（＝L護童子＝L丸）」はそれぞれの役目を果たして活躍した。

世の中も穏やかになった。円空は昔に修行した伊吹山太平寺を訪れ、十一面観音像を彫り、背面に和歌と漢詩を残した。円空五十八歳の作である。

現在この十一面観音は米原市伊吹町春照《すいじょう》の大平《おおひら》観音堂に安置されている。観音の背面に記された和歌には次のように仮名まで付けてある。

「於志南辺天《オシナベテ》　春仁安宇身乃《ハルニアウミノ》　草木末天《マデ》　誠仁成留《ル》　山桜賀南《ナ》」

太平寺の十一面観音

和歌にある「安宇身乃草木」は近江の人々の見立てと考えられる。「誠仁成留」には読み仮名がないので、ここが課題と分かる。「誠仁成留」の同音意義漢字で「誠仁」は「聖人」で「セイジンニナル」と読める。

そこで、近江の草木（人々）は皆聖人に

なる山桜のようだと詠み、その山桜は十一面観音に彫刻されているので、近江の人々は観音様のようだと崇《あが》め、感謝する意味と推察された。円空の生涯を返り見れば、近江にある天台宗の三井寺や伊吹山太平寺で修行し、また、北海道の旅では近江商人とその関係者にお世話になったので、そのお礼を述べたことが分かる。

この十一面観音像には円空の署名があり、像形は儀軌に従った正しい十一面観音である。人生の終末に当たって、円空に戻って近江の人々に和歌でお礼を申し上げようとしたものと推察された。彼の律義な性格が分かる。

十一面観音像にある漢詩は次の内容である。

「桜朶花枝艶更芳　観音香力透蘭房　東風吹送終笑成　好向筵前定幾場」

「桜朶花枝《おうだのかし》」「蘭房《らんぼう》」を乱れた邦、「幾場《きば》」の意味を電子漢和辞書で引くと梵語の耆婆《きば》とあって、寿命の意味と解説されていた。そこで「一人二役の円空」の終業宣言の漢詩と分った。「観音」は円空創案の千面観音菩薩、「香力」は効力つまり護法の効力、「透」は「到」、「蘭房」は乱邦で乱れたれた国、「東風」は江戸幕府が吹かせる切支丹禁制の威令、「終」は「終わる」と考えられる。

全体の意味は、「桜の木で作った十一面観音菩薩は艶やかで香りがよい。千面観音の効力（四鎮如意）は乱れた国の隅々に到り、幕府の威令は終わって、人々に笑みが戻った。筵前《えんぜん》（ムシロ）の観音に向き合って、死ぬべきことを定めた」と解釈された。

この時期の伊吹山にはいまだ雪が残っている。美しい琵琶湖と比叡山を望み、懐旧の寺に在って、近江の人々に感謝を捧げる歌を詠む円空の姿は一幅の絵画を見るようでもある。

漢詩の最後に制作記録として、次の文が記されている。

「四日木切　五日加持　六日作　七日開眼　円空沙門　花押

元禄二己巳（注・つちのとみ・一六八九）年三月初七日　中之房祐春代」

「初七日」は暦日の三月七日、「初」と記して七日間が経ったことを示唆し、最初の三日間は、和歌と漢詩の思索、入定（寂）の覚悟を考え抜いた日々と考えられた。そして、四日目から作業に入り、五日目に加持・祈祷、六日に彫刻、七日に開眼、本名の円空沙門で署名し、花押を書いたことで、二役の円空が終わったことを宣言した。何事にも区切りをつけて進む円空の几帳面な性格がよく分かる。

『浄海雑記』の「円空小伝」には、次の記述がある。

「円空の徳音は遂に天聴に達し、詔《みことのり》と上人の号と錦織の袈裟を賜る、上人これを拝受」、更に「円空は死期を悟ったとき、天賜の袈裟を着て端坐して入寂した」と最後まで丁寧に記されている。

天聴とは天皇のお耳に達したことだが、上人の号が朝廷から贈られるものなのかについても調べてみた。すると、奈良・平安時代の「仏家位階官職表」があった。僧位の第四位に法橋上人位はあるが、単なる上人ではない。しかし、日蓮上人・法然上人・一遍上人などの高僧は一般的に上人と呼ばれているので、様・殿に準じて、上人を入れたのではないだろうか。そして、どのようにしたら、天皇の詔をいただけることになるのか。叙勲の手順から推察すると、まず見識のある第三者が円空の公的な業績を評価し、顕彰の対象者に推挙する必要がある。推薦の適任者は円空の活躍で営利を得た近江商人と考えられた。従って、顕彰すべき業績は北海道時代の円空の業績に絞られた。

そこで北海道時代に戻って円空の功績を調査した。その結果は冒頭にまとめた。そこで述べたように、北海道時代の円空の業績は、近江商人の依頼による神仏像の奉納とは別に、円空個人の業績があった。

アイヌ人を山人と称し、山人の集落で暮らして若者を教育し、礼文華の窟屋で白衣観音外四体の観音像を彫刻し、山人への檄文を残した。これが円空の功績と考えられた。

松前藩は有珠に善光寺を勧招し、白衣観音を本尊に祀った。白衣観音は地域の平和に貢献した。これらは円空の公的な業績と考えられた。

近江商人は円空のこうした功績に感謝し、北前船の事業が軌道に乗ってから適切な年に、円空を顕彰対象者に推挙したのではないか。推挙は関係者を経由して朝廷に伝えられ、今上天皇のお耳に達し、詔と上人の号、錦織の袈裟を戴くことになったと推測される。

詔と褒賞の品々は近江商人を経由して、円空の活動拠点となっていた荒子観音に下賜された。荒子観音の全栄師は円空の死後百五十年を機にこの事実を知り、「円空小伝」に「円空の徳音ついに天聴に達し」の一文を加えたと考えられた。

重複するが、円空の履歴を追って記述すると晩年であり、受賞に至った陰の力は近江商人であろう。円空は受賞したので、伊吹山太平寺で近江の人にお礼の儀式を行ったものと思われる。

二、今上皇帝像の制作は天皇へのお礼

飛騨金木戸集落の観音堂で、円空は今上皇帝像（九十センチ）を制作した。像の背に「今上皇帝」と大書され、続けて墨が薄れてはいるが「元禄三年庚午（注・かのえうま）九月二十六日当国万仏千面仏作已（注・作りやむ＝作り終える）円空」と判読される。この像

は円空五十九歳の作と分かる。
文意は万仏・千面仏の制作を終了した、と今上天皇に報告する形である。詔と褒美をいただいた答礼と考えられた。

今上皇帝像
（長谷川公茂氏撮影）

ここにある千面仏は千面菩薩のことと考えられる。実は今上皇帝像の隣に六体の十一面観音像が並んでいた。この像の背には穂高・双六など飛騨の山々の名前が書き連ねてあった。この観音像が千面菩薩で、円空は今上皇帝像と二体を並べて礼拝し、分けて感謝した形と考えられた。

このたびの円空の徳音の検討で、天皇の詔は北海道における円空の功績に対するものと分かった。円空は「万仏千仏作已」の言葉に調子を合わせて「面」を入れたのであろうと推察された。

天皇を皇帝と記したのは、万が一、問題が起きたときに朝廷にまで問題が波及せぬよう配慮したもので、「天皇」の言葉を知らない訳はない。この今上皇帝像が残されていたことから考えても『浄海雑記』の記述は実話だったと分かる。

「円空小伝」の著者全栄は、天聴に至った円空の逸話を寺の誇りとして書き残したにちがいない。だが、北海道時代の円空の話は幕府に対して内密にしていたことだ。錦の袈裟は入寂の折、本人が着用したので、現物はないことを記し、後になって問題が起きぬように配慮されたと思える。

「明道」と署名された狛犬
（長谷川公茂氏撮影）

なお今日、金木戸集落と観音堂はなく、今上皇帝像は集落の菩提寺であった麓の桂峰寺に祀られている。

一方、関市洞戸の高賀神社は円空が若いときに修行したところであり、また巡錫を終了したところとされている。洞戸高賀には円空記念館があり、円空が詠んだ千五百首の和歌を書き留めた紙束、錫杖も保管されている。

そこには如何にも円空作と見える阿吽の狛犬二対が展示され、背に「明道」の署名がある。「明道」は円空の洒落で、冥途《めいど》への道案内の狛犬と考えられた。

陳列棚に小さな歓喜仏が一体ある。諸々の心配事から解放された喜びがあったのだろうか。台座に「釜目入定也」と文字が彫刻されている。「かめいりとさだむなり」と万葉仮名のように読み、甕棺葬であろうと考えた。奥三河にも甕棺葬の風習があったとされることから、筆者の推察である。

最晩年、円空は関（岐阜県）の弥勒寺住職となった。当時の寺は大正時代に火事で焼失し、現在は再建された寺である。

三、円空、弥勒寺で下賜された袈裟をまとい入定

奇跡的に火災を遁れた文書は「円空研究13　弥勒寺文書」に収められている。次の文書は本稿に貴重な内容を提供してくれた。

・「法相中宗血脈仏子」と記した文書一枚

これは円空の経歴書兼身分証明書と考えられた。紙片の最後の行には「寛文十一年七月十五日法隆寺巡堯春塘記」と記されている。寛文十一年（一六七一）は伊勢・山田の大火（寛文十年十一月）があり、伊勢の円空寺が焼失した翌年である。焼け出された後に、円空は

法隆寺に行っていたことを証明している。

法隆寺の後は大峰山の修験道場に行き、冬を越して寛文十二年に再建された円空寺の住職に収まる心積りで戻った。しかし、大般若経の修復作業を受託し、作業中に自己が為すべき使命に目覚め、住職を辞退する気に変わった。

片田の経五百七十一巻奥書に「難解な修復完了記録」を残して寺を去った。円空寺の章で詳述したが、円空はこの時期に人生の喜怒哀楽を凝縮して経験したと思われる。

この文書には懐かしい円空寺時代の思い出が沢山詰まっていたので、円空は大切に保管していたにちがいない。弥勒寺の火災にも奇跡的に遭わなかった。これは借金の形に、何処か外へ預けられていたためと「円空研究13　弥勒寺文書」に記されている。
・「仏性常住金剛宝戒相承血脈」一通
この弥勒寺文書は延宝七年（一六七九）七月五日に、円空は血脈を多門善日神へ委譲したとする内容である。多門善日神とは、次のようにL護童子ではないかと推察した。

少し時代を戻るが、千面菩薩を制作した折、「円空の身代わりとなるL丸（L護童子）」を創作した。円空は一人二役で多くの仏像を制作した。その後、美濃の弥勒寺の住職になり、延宝七年になって、円空は関東へ巡錫に出ることになった。

長旅なので死に遭うことも、円空の念頭にあったと思われる。弟子がいない円空は分身のＬ護童子に自分の血脈を譲っておこうと、この文書を作成したのではないか。

Ｌ護童子に寺の留守を頼み、一人旅をしようと円空は考えた。Ｌ護童子は空想の童子なので、円空は空想の一人芝居を打ったのであろうと思う。

旅は三年間ほどで無事終わった。この血脈は円空の御守りとして役に立ったと推察される。

余談になるが、平成二十三年に埼玉県の大宮市で「円空仏展」が開催され、大小合せて百体ほどが展示された。その折の図録を見ると、不動明王などの神像が多く、微笑みの仏像は尾張からの協賛出品されたもののようだった。尾張・美濃では数多く必要とされた千面菩薩だが、関東では要望がなかったらしい。

しかし、実はＬ護童子に弥勒寺の留守居を頼んだので、関東は円空の一人旅だった。そのため、千面菩薩を制作できなかったのではないかと、これは筆者の勝手な想像である。

さて、関東から帰った円空は以前の活動に復帰し、元禄二年（一六八九）の伊吹山太平寺で終了宣言をするまで活動を続けた。円空とＬ護童子の活動はおよそ十年間ほどと考えられる。

元禄三年九月、金木戸観音堂で今上皇帝にお礼を申し上げ、作仏終了を報告した。この後、高賀神社へ寄って錫杖を置き、弥勒寺に戻っている。

寺の文書に、元禄二年八月九日寺門円満院大僧正尊栄より、弥勒寺を末寺に加えるとする証書がある。円空はこの証書をいただくのを待って往生の儀式を行い、元禄八年七月十五日、天賜の袈裟を着て、端坐して入寂した。これは『浄海雑記』に記されている。

円空の入定塚

長良川の畔《ほとり》に円空入定塚がある。円空は修行で死を選んだと言われている。しかし、高賀神社には円空作歓喜仏があるので、彼はサバイバル・ギルティ（切支丹の迫害を一人だけ免れた自責の念）から解放され、楽しく旧友の元へ旅立ったのではないかと、筆者は思っている。

第二部　円空を深掘りする

「第一部」でこれまでの研究成果をまとめたが、次に「第二部」としてさらに深め、あるいは補足・加筆しておきたい。筆者の問題提起は従来になかった説であり、中には疑問を持たれたり受け入れ難いと思う方もあるかもしれない。そんな方々にも理解を深めていただけたらありがたい。

一、展覧会「三重の円空」展への私の思い

片田・立神の大般若経の扉絵公開は好企画だったが……

昨年（二〇二二）の十月八日から十二月四日まで、三重県総合博物館で企画展「三重の円空」が開かれた。入場者が二万人あったと聞き、円空ファンも多いことが分かった。展覧会の中心は志摩市片田と立神の大般若経にある円空の描いた扉絵で、まさに筆者が関心を持つものの一つだった。

ところが、当時は体調が優れず、遠方へ出向けられなかった。幸い知人などからその様子や感想を聞いたり図録をもらったりして、だいたいの内容は把握することができた。特に、扉絵がすべて収録されているのはよかった。

片田へも立神へも何度か足を運んでいる。しかし、これらは簡単に見られるものではない。以前、それを知りたくて掲載されていた「円空研究　絵画特集」を図書館でコピーしていて、職員から「あまり多くしないで」と注意された苦い経験もある。

筆者が最も関心を持ったのは図録の解説だった。「九十六億」はどのように解釈されているのか、いまだ公認されていない円空寺も地元の開催だから出てくるのか。しかし、この図録には不思議に思えるほど解説が施されていなかった。

展覧会が開かれた三重県総合博物館

円空の研究には円空学会も大きな役割を果たしてきた。その紹介や功績なども取り入れられていると期待したが、会員の著作物名が参考文献として挙げられているだけだった。博物館が主催したものであり、三重県の円空仏のすべてを見せるから、解釈はご自由にということなのだったか。

円空寺は残念ながらその名前すらも出てこない。これについては本書で述べてきたし、これからも「深掘り」してゆくつもりだが、円空寺と扉絵は円空が多宗教との「共生」に目覚めた極めて重要な寺であり作品である。その意味で円空の行動を考えるとき、三重県は避けて通れないところとなってくる。

円空は幸せの絶頂だったと思われる円空寺を五年ほどで去っている。これから進むべき「共生」の道がはっきりと分かり、住職を辞して遊行僧に戻る決心をした。ここから新しい円空が誕生することになる。

展覧会を準備する過程で、伊勢市浦口三丁目の法住院から、新たに円空仏が発見された。これも図録に収録されているが、この仏像についてはすでに話を聞かされていた（令和五年一月発行の「円空学会だより」に前田邦臣氏が報告）。座像の背面に「ウ」の字が記されているとあり、にわかに関心が高まってきた。

そして、法住院の所在地を地図で確認して喫驚した。そこは何と火災で焼失した円空寺の場所、下中之郷そのものである。再建された円空寺は船江町なので、そことも一キロほどしか離れていない。

二、法住院を訪ね、この目で円空仏を確認

円空は円空寺へも感謝のお礼参りをしていたか

暖かさが増した今年（二〇二三）の三月二十八日、ご住職の桃尾幸順師にお願いし、円空仏を拝見させていただくことになった。この寺はもと天台宗だったが、現在は和宗で大阪四天王寺の末寺になっている。一般には「瘡守《かさもり》稲荷」の名で親しまれているようだ。

寺歴は古く仁和年間（八八五～八八九）に開かれ、本尊は不動明王の立像である。寺には数十体の仏像があるそうで、問題の円空仏は一番奥に置かれていて気付かずにきたという。図録によると、総高一一・七センチ、像高八・七センチとある。

瘡守稲荷で親しまれている法住院

見つかった円空仏は厨子に入れられた不動明王の座像で、黒ずんではいるが一目で円空の作と確認できた。左手には針金状の羂索《けんさく》を持たれているが、右手にあるべき剣は失われている。頭頂部の裏にいわゆる「ウ」の字があるとのことだが、肉眼ではまったく読み取れない。

展覧会の図録によると、この不動明王は展覧会の準備作業中に発見されたとある。なぜここに円空仏があったのか、これを調べた円空学会の方々には誰も分からなかったようだ。

その原因は円空が片田の大般若経に残した修復完了の覚書に、円空の署名を残していなかったからである。文字はほかにも記されていたが他人の悪戯書きと判断され、そこにあった修理完了年月だけを採用し、円空寺の歴史は学会で白紙になってしまった。筆者はこの事情に気付いて円空寺の歴史を復元しようと「伊勢円空寺物語」なる論文を円空研究誌へ投稿したが、これへの反応はまったくなかった。

円空寺は伊勢の山田に建てられていたが、寛文十年十一月の大火で焼失した。だが、二年後には船江町越坂に敷地を替え、同じ名前で再建されている。片田の大般若経はこの新築の円空寺で、寺主の布谷左大夫により修復されていたのである。

円空は寺の住職を勝手に辞退したことから、伊勢の人々にお詫びとお礼を申し上げねばならぬ恩義があった。宗教活動が功を奏したと悟ったとき、律儀な円空は伊勢を訪れ、とりわけお世話になった御師の布谷親子にお礼の形で小さな不動明王を贈ったと思われる。

布谷親子はこれを金箔の厨子に入れて手元に置いていた。しかし、いつまでも大切にしてもらうため、本尊を不動明王とする法住院に寄贈したと筆者は推測している。

当時の円空はいまだ無名の沙門で活動していたので、布谷は円空名の箱書きができな

法住院に残る円空作の不動明王

かったと思われる。円空名が復活するのは伊吹山の太平寺で十一面観音を制作したときからである。

従って、伊勢を訪問した時期はその少し前と推定できる。背面の赤外線写真により「ウ」印を発見し、円空後期の作と判断したのは前田邦臣氏の功績である。

円空は律義な人で、世話になった人々には後日、お礼を申し上げていた。例えば、北海道では礼文華の窟屋にあった五体の観音像でアイヌの人々へ、伊吹山太平寺の十一面観音では近江の人々に、飛騨金木戸観音堂の観音像は今上皇帝に、それぞれ木像を制作してお礼の言葉を書き残している。

拝観させていただいた不動明王は背丈十一センチほどで、観音開きの厨子の中に鎮座されている。厨子の内側は金箔でキラキラ輝き、像の背後は真赤な火炎がメラメラと立上がり、小柄ながらも迫力ある不動明王である。ぜひ厨子ともどもカラー写真にしたいと思ったものである。

三、円空に隠された「十二万体」の意味とは

「十二万体」は「十二万ノ仏躰」から出た誤解

荒子観音の寺伝『浄海雑記』の文中に、全栄師が記した「円空小伝」が引用されている。『浄海雑記』の作者は初めに「円空上人」を説明しようとして「円空は仏像十二万躰を刻す非凡の僧侶」と記した。だが、小伝の本文中の説明では「円空は十二万ノ仏躯を彫刻する大願を発した」云々とされていて「体」の字ではなく、表現が違うことが分かる。では、「十二万ノ仏躯」とは何か。

十二万の「万」は数詞の「マン」ではなく、「仏躯」の形容詞と読める。万は「ヨロズ」と読むべきである。すると十二は何を意味するのか。

江戸時代の数学書に吉田充由著『塵劫記』がある。二〇〇二年（平成十四年）に出版された伊達宗行著『数の日本史』に『塵劫記』の部分的な解説がある。

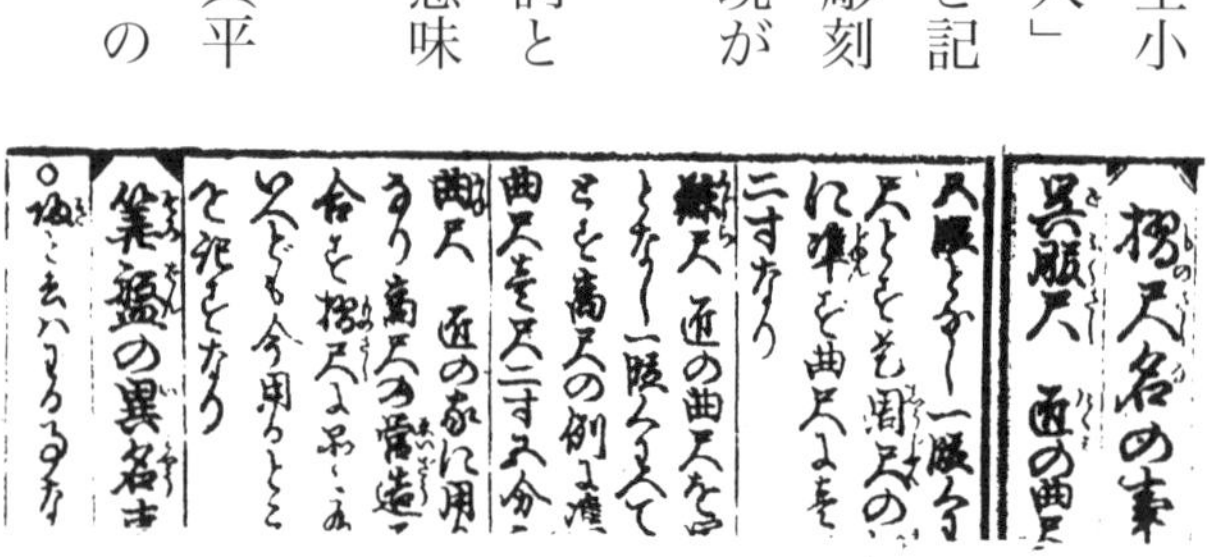

数学用語を記す『塵劫記』（『数の日本史』より）

それには当時の数学用語が記され、「帰とは割ることとなり」とあり、『塵劫記』原文の写真も掲載されている。しかし、惜しいことに、当該文字の部分は撮影範囲から外れており、伊達氏の説明文を信じることにした。

筆者が『数の日本史』を手にしたのは平成二十六年のことだった。『円空とキリスト教』の謎を江戸時代の常識で解くために、名東区の図書館で参考資料を探していて、偶然にこの本を発見した。

さて、江戸時代は「割る」を「帰る」と言っていたとすると、12＝4×3から「12は4と3で割れる」を江戸時代では「12は4と3で帰る」と言っていたことになる。つまりヨミカエル、「蘇る」意味であったと推察した。

「十二万ノ仏躯」とは「蘇るヨロズの仏体」であると確信した。同書の説明に、掛ける（×）は因、自乗は自因と説明されている。当時の和算は縦書きなので、十二を縦にして考えて「十自因した二」と読めば、10乗した2のことで1024の数である。これは荒子観音所蔵の木箱「千面菩薩」に入っていた木端仏の数に当たる。

さらに「因」を「隠」と読み変える語呂合わせでは「十自因した二」は「十字隠した二」となって、千面菩薩に隠された真意は十字であると教えている。円空がこのような「数字と語呂合わせの遊び」を考えた所と時は、円空寺で片田漁協の大般若経六百巻を修復中のことで、和歌「イクタビモ……九十六オク末《スエ》の世《ヨ》マテモ　円空」と第二百八十一巻の奥書に墨筆で残されていた。この和歌については本書の中に写真入りで説明した。円空は「蘇るヨロズの仏体」を数字の読み変えと語呂合わせで創作した。つまり、96から掛け算で読み変えると、９×６＝54、５×４＝２０、縦書きでは二と十。二の十自因は2の10乗のことで１０２４、これは千面菩薩厨子に入っていた木端仏の数になる。１０２４は十自因した二（＝十乗した二）と読み返せば「十字隠した二」となって「十字架を隠した」意味が現れる。12は4と3で帰る。つまり「蘇る」意味が現れ、さらに十字（架）が現れることを示唆している。

この読み替え、語呂合わせして想像する方法を円空は「護法」と命名し、護法を教える神、護法神座像を制作した。即ち、円空の自身像と思われる怒髪の座像である。

護法神座像の背に「イクタビモ……九十六億末のよまでも」の和歌が記されている。十二万の仏を想像する仕掛けは千面菩薩で、想像を促す方法は和歌で、和歌を教えるのが護法神、護法の普及を図るのは乙護童子（実はＬ護童子で、円空の身代わり童子）という用意周到な仕掛けと構えにより、円空は厳しい切支丹禁制の社会の中で、切支丹との共生を説いていたことが分かった。

四、虚説がまかり通るこれまでの円空論

謎解きの鍵は荒子観音の千面菩薩の箱書きに

荒子観音にある千面菩薩厨子の内蔵仏の数は平成五年ごろの仏像調査により一〇二〇体から一〇二四体に変更された。筆者はこれを聞いて、次のように考えた。

１０２４は「2の10乗、または10乗した2の値」である。当時の数学・和算では漢数字、十と二の縦書きである。これを十字架に見立てるなら、千面菩薩は「木端仏の数で十字架を暗示する厨子」ではないかと。また、トーナメント結合で全体は過不足なく一体に繋がる数なので、一〇二四の木端仏は「想像で一体の菩薩」に変化する。

一方、連想しなければ木端仏が入っているだけの木箱で、何も疑われることはなく安全・安心の木端仏厨子である。この箱は形があるものには実体がなく、実体のないものにこそ事物の姿があるとする「色即是空・空即是色」を説く般若心経の立体模型のようにも考えられ、仏教徒向けの連想もできるのである。

前述の通り、円空が千面菩薩の構想を得たのは、片田と立神の大般若経を修復している最中で、経に書き留めた和歌二首に真意を読み込んでいると気付いた。だが、不幸なことに、和歌の下句「九十六億末の世までも」は弥勒信仰の歌の五十六のことだから、「円空の記憶違いだ」「五十六と変更して解釈するべき」との説が円空学会では公認されてしまい、これが定説として現在に至っている。

九十六億は「共生の菩薩となる千面菩薩」を創作する護法にかかわる数値なので、この変更は円空の思想をまったく無視したことになる。円空学会と円空は思想が乖離したままになってしまった。

この時代以後、円空は共生の活動に入るが、現代の人たちはこの円空の思想が理解できず、円空には儀軌にない仏像を作る遊行僧という不名誉な評価を与えることになった。しかも、円空寺は別に述べる理由によって、円空の履歴から削除されていたので、事態の回復はなかった。

間違いの修正には時間がかかるかもしれない。千面菩薩の真の姿は個人の想像の神仏と知ること、白紙になっていた円空寺の歴史を復活させることから始めねばならない。

五、共生の道を見つけ、歓喜する円空

円空寺を発見した彫刻家津矢田氏の功績

筆者が円空寺に関する諸考察を成し得たのは「円空研究」誌で伊勢市に在住した津矢田杢人氏（故人）の基礎調査報告があったおかげである。同氏は『宇治山田市史』の寺院の部に「圓空寺（当初は、山田村下中之郷上久保）」とある記述を発見し、寺の所在地と歴史の調査をされた。

また、津矢田氏は片田漁協所蔵の大般若経五百七十一巻奥書に残る「円空の大般若経修復完了覚書」で、「円空は、実在の御師の名前を同音異義漢字の偽名で記した」ことを解き明かされた。これは同氏の大きな功績だった。

筆者は津矢田氏の発見と研究に教えられ、片田と立神の大般若経に記された和歌二首に注目した。これらは後年に千面菩薩創作に繋がる「多宗教共生の道」を詠んだ歌と解けた。さらに志摩に残る数体の円空彫刻は単なる護法神像ではなく、「円空が人生に悩み苦しむ心の内を表現した自身像であろう」と推察できた。

その結果、円空寺時代の円空は「共生の道に進む心変わりをした」という結論を得た。

このとき円空は四十三歳になっており、入婿して円空寺の住職になる心積りで伊勢に来たと思われる。

だが、着任早々の寛文十年暮れ、山田村の大火で円空寺も焼失してしまった。その後、円空は法隆寺や大峰山へ修行に出かけた。

二年後に寺は新開地の船江町越坂へ場所を替えて再建され、円空は寺に帰った。そこで、片田漁協所有の大般般若経六百巻の修復を依頼された。

その作業中に、円空は『イクタヒモ……九十六オク……』の和歌一首を詠み、経の二百八十一巻の奥書に書き付けた。その和歌に円空の署名と花押を残した。

歌の意味は本書の中で解説したように、「切支丹と共生の道を発見して和歌に詠み込んだ」と考えられた。修復作業の最後になって、円空は心が変わって住職を辞退し、再び遊行僧に戻る決心をした。

そこで、お世話になった寺の持ち主である御師布谷親子を落胆させぬよう、「難解な修理完了覚書」を残した。覚書は大般若経五百七十一巻の奥書にあった。

しかし、円空自身の名は伏せ「経を編むもの」と記し、布谷親子を傷つけぬように布屋と偽名にするなど、すぐには文意が分からぬようにした。この覚書を残して寺を辞している。切支丹を助ける円空への疑いがかけられても、円空寺に連座が及ばないように円空の名を捨てたのである。

覚書に「欠落した三巻は「子佳居三十七歳がこの寺で書写した」旨の追記があった。この意味は、三巻が欠落していたのでそれを補填し、全巻そろって完了したのだ、と受け取れる。「　」内の「佳居三十七歳がこの寺で」によって、「佳居の名を経に残そうと工夫した」円空の強い思いが分かる。

その後、志摩の立神・少林寺でも大般若経六百巻を修復し、この経の第六十二巻に、片田の和歌の続編となる歌を記し「歓喜沙門」の署名を残した。二首の和歌は「切支丹と共生する道」を詠んだもので、円空は二首の和歌によって共生の道を会得したため、円空の名を捨て「歓喜沙門」と署名したと推測された。

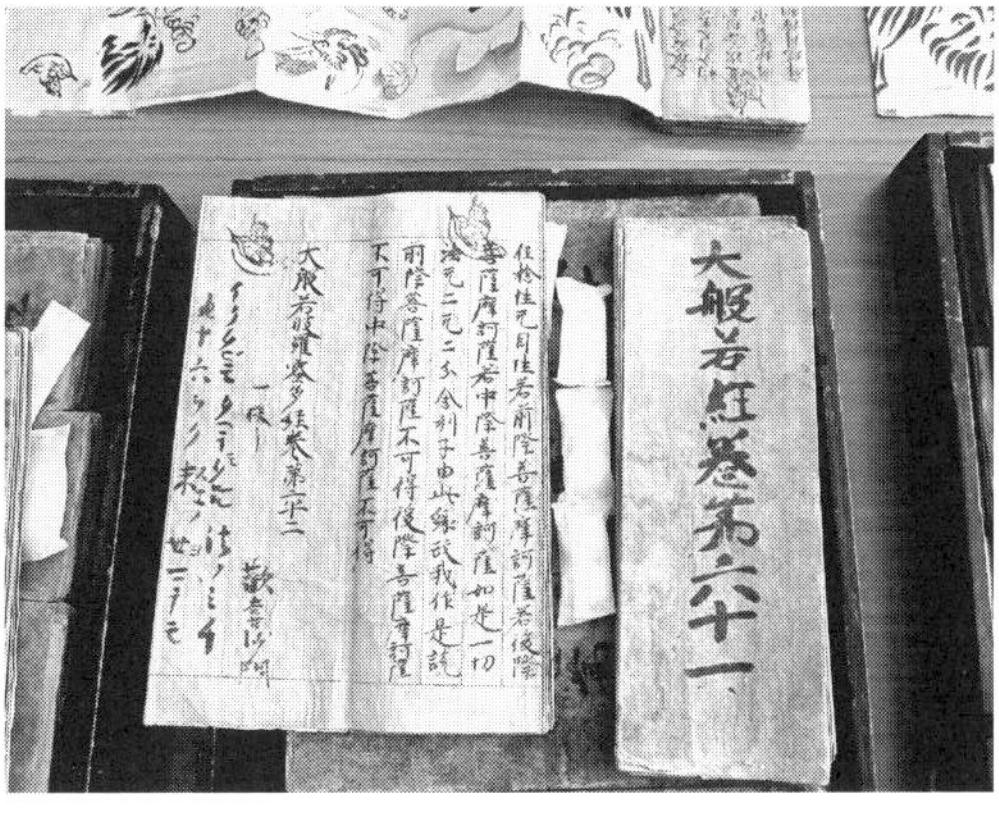

立神に残る経典類

だが、和歌を記した時点は経の修復を始めたばかりで、五百四十巻も残していた。修復中にあっても、円空は心の迷いを引きずっていたと思われた。少林寺所蔵の二体の円空彫刻は他に類を見ない造形で、懊悩《おうのう》と困惑する円空の自刻像ではないか、と筆者は想像している。

経の修復が終わって立神を去るにあたり、円空は立木観音一体を制作した。立木観音は「断つ気観音」の意味ではないかと思われた。

寺に残された円空彫刻三体は、この時期の円空の心の揺れを表現している。同時に、円空の彫刻技術は心象を顕わすまでに熟達し、ようやく微笑仏を彫刻する時代になってきたとも言える。

円空学会において、円空寺に関する論文は津矢田氏の論文以外になく、氏はまことに貴重な調査資料を残されたと、私は感謝感激した。生前の津矢田杢人氏は伊勢・志摩木彫会の先生をされ、昭和五十年ごろまで活躍されていた。

氏は円空仏に惹かれ、精神性を表す群像を多く制作された。伊勢市美術展では無鑑査作家だった。ご子息の津矢田真金氏により、津矢田杢人作品集が出版されている。

六、円空を迎えた伊勢の御師、布谷佐大夫

「布屋佐大夫」と「子佳居三十七歳」の再検討

片田漁協所蔵の大般若経六百巻を修復した場所はどこか、これまで明確ではなかった。だが、円空寺の歴史が明らかになったことから、これは解決した。

まず、六百巻の巻経を折経に作り替えるのは人・物・金を要する大作業なので、伊勢から遠く離れた片田での修復は無理と思われた。次に、片田の大般若経五百七十一巻にある作業記録に円空の文字こそないが、同経の二百八十一巻には円空の署名と和歌が記されている。そこから円空が監修したことが分かり、修復した場所が円空寺であることは自明となった。

その上、経に残る円空の検印は「円空寺から見た神路山と五十鈴川の景色」と分かった。これらは後節で述べる。

同じ経五百七十一巻の奥書に記された「布屋佐大夫」について、津矢田氏は伊勢神宮文庫で調査された。その結果、これは実在した布谷左大夫のことで、苗字と名前が同音異字で変えられていることが判明した。

漢字変換に規則性があるので、「子佳居三十七歳」も本名は佳子三十七歳の女性であろうと察しがついた。「居」の字を「コ」と読めば、娘佳子三十七歳をひねったことが分かる。

念のため、筆者は三重県総合博物館へ御師布谷左大夫の有無を問い合わせたところ、「御師の元帥の役の欄に名前があり、纏め役で、上級の人であった。家は断絶、理由は不明」との返事をいただいた。

津矢田調査は正しいものと裏付けされた。だが、家が断絶した記録から想像すると、佳居はその後、独身を守ったようである。

以上の検討により、円空は円空寺と名前を付けた寺の住職で、かつ娘婿に迎えられたと推察された。当時、四十三歳となっていた遊行僧の円空には、生活が安定する絶好の御縁だったと思われる。片田の経（五百七十一巻）の奥書には「欠落していた三巻は、この人（子佳居三十七歳）が当寺で写経した」旨の追記がある。佳子は写経ができる有能な人で、円空の初婚の人だったと推察された。

円空は経を修復している間に和歌を詠み、多宗教（キリスト教）と共生の生き方に目覚め、遊行僧に戻ろうと考えるようになった。しかし、円空は「住職か、遊行僧かの選択」に離婚問題も加わって、決断に迷っていたと思われる。

円空寺時代の約五年間は円空を考えるとき、非常に重要な時期である。ここでいま一度、整理しておこう。

円空は身を固めようと伊勢の寺に入ったのに、山田村の大火で寺は焼け、仕方なく修行の旅に出た。再建されて戻った寺で、片田の大般若経の修復をしながら、切支丹との共生の道を発見した。

円空はこれを歌にして経に書き留め、遊行僧に戻る決心をした。それは修復した経の奥書に「難解な修理完了報告」を残し、円空寺を去ったことから分かる。

その二か月後、立神の少林寺へ行き、大般若経の修復をしながら、共生の道の和歌を完成し、「歓喜沙門」と経の奥書に書き残した。円空は歓喜したにもかかわらず、心のうちでは悩み苦しみ、諦めを味わい、それを彫像に表して志摩を去ったと考えられた。

五年間に円空が体験し考えたことは、生活の安定と結婚、切支丹迫害で亡くなった人々の供養・追悼、切支丹と共生の道など、どのように今後生きてゆくか、悩み抜いていたと思われる。結論として、元の遊行僧に戻ることを選択したが、思想は共生の道へと転換し、まったく新しい円空に変わっていた。

円空が思想の転換をしたのは、おそらく大峰山の苦行中のことで、自分は切支丹の迫害に遭わなかった後ろめたさが、心に重く残っていたからなのではないか。さらに円空寺で経の修復中に共生の道に気付いてしまったのが、住職辞退に踏み切った原因のように思われる。伊勢の大火で円空寺が焼けて、円空一人で長期の自由時間を得たために、円空はストイックな道に進むことになってしまったようである。

片田の大般若経を調査した人々は第五百七十一巻の奥書の意味が不明だったため、「だれかの悪戯書き」と判断して修復年月日だけを採用し、他の文字は利用しなかった。この結果、歴史から円空寺の名は消え、円空の悩み・心の変化も白紙となってしまったのである。

さらに不幸なことは、円空が経に書き残した和歌で、下句にある「九十六億」を弥勒信仰の歌にある「五十六億」に変更したために、円空が共生の道に進んだことはだれにも気付かれず現在に至っていることである。円空が共生のために行った彫刻の意味は分からず、「間違った彫刻をする円空」という評価になってしまっている。

七、千面菩薩にある「如意野會所」を読み解く

「野所」で耶蘇との共生を目指す

名古屋市北区如意地区に会所町という町名がある。江戸時代の初期にこの如意の一帯は大我麻池《おおがまいけ》と言われ、尾張北東部・犬山地区の雨水や汚水を庄内川に流すための大きな溜め

池だった。

尾張藩は石高を増やすため、池の干拓を図ったが水捌けが悪く、何度も失敗した。干拓で作られた村は東の高台に移転して如意村となり、池の排水は新川を開削して流すことで干拓は完成した。

現代になると、如意村の干拓地は埋められて宅地となり、名古屋市北区に合併された。如意地区にあった会所（会議所）は会所町の名に残された。

隣地・西春日井郡豊山町の古地図には「会所」の位置が残っている。会所は大我麻池の問題を討議した著名な所だったと思われた。近くの高田寺には円空仏が残されているので、円空も如意の歴史を熟知していたはずだ。

円空が荒子観音で創作した千面菩薩厨子の表には、功徳として「四鎮如意野會所」と記されている。「如意之會所」は当時の尾張藩で、いつも問題となる流行り言葉だったと思われる。例えば「その手は桑名（食わぬ）の焼き蛤」のように使っていたと推察された。円空はこの流行り言葉を使ったのだろう。

だが、そのまま「如意之會所」とはせず、字を間違えた振りをして、「之」を「野」に変え、千面菩薩の功徳のように記した。円空の狙いは、「野所」つまり「耶蘇」を隠すことにあると筆者は推察している。表記の意味は「菩薩の功徳は（耶蘇も含めて）すべての人を鎮める」である。

昔、名古屋の隣村に御器所《ごきそ》村があった。現在は昭和区御器所となっている。「所」を「ソ」と読むのは当地で珍しくない。

千面菩薩の功徳の説明に隠し文があり、しかも尾張名古屋の地名が使われている。この経験から円空の隠し文の技法が分かったのは、その後の謎解きに有効だった。また、円空は尾張名古屋の人だと確信した。

その上、千面菩薩厨子には「鎮民子守之神」とも記されている。筆者は、子守之神とは聖母マリアのことではないかと考え、キリスト教の関係を調べ『円空とキリスト教』と題して上梓した。

千面菩薩にある書き付け

多くの方に著書を読んでいただいたところ、当時、金城大学キリスト教文化研究所長の楚輪教授から、円空は多宗教共生を図った人であろうという感想を頂戴した。筆者の考えもこれで整理できた。

つまり、切支丹か仏教かの二者択一を考えるのではなく、共生という道からすれば、円空の生き様が分かることに気付かされた。そのように考えると、円空が飛騨千光寺で両面宿儺を作ったのは、寺の住職に自分の両面の働きを説明するためだったということがはっきりしてきた。

八、円空は錯覚を利用して衆生を救う手品師

「思い込み」が生ませた千面菩薩の真像

二〇二一年六月二十二日、ＮＨＫの「ラジオ深夜便」で、志村祥瑚《しょうご》氏とＮＨＫのアナウンサーとの対談を聞いた。志村氏はニューヨークの世界マジシャン大会で一位をとった有名人だが、精神科の医者でもある。

志村氏は大学でマジックの練習ばかりしていた。だが、ミスター・マリック氏に「医者もマジシャンも同じだ」と言われ、思い直して精神科医になったと言われる。

マリック氏は以前、イリュージョンという大掛かりなマジックでその名を馳せた人であ

る。氏の説明では「マジックは人の思い込みを利用する技術」で、これを職業にする人はマジシャン・医者・坊さんの三者だというのである。医者は薬を使って、これで治るという「思い込み」を利用する。偽薬を使う手もあると。

同じころ、ＮＨＫテレビ「ためしてガッテン」の実験では「ある人の写真を見ると生理痛が治る」という噂は本当かどうかを調べる企画があった。実験の結果、「思い込み」は実効があることを証明してみせた。つまり偽薬も薬の内という主張であった。

筆者はこれに自信を得て、「円空は江戸時代にイリュージョン・マジックを取り入れていた」と付け加えたい。円空が創作した「千面菩薩」のことである。

千面菩薩は木箱に一〇二四体の木端仏を入れて「封印」し、表面に「南無大悲千面菩薩」と墨書したもので、「礼拝する人の自由な想像による神仏が入っていると思わせる仕掛けの箱」である。まさにマジックボックスと言える。

個人の想像に制約はなく、すべての人を安心させる、つまり「四鎮如意」の功徳があると円空は説明していた。これは多宗教・共生のための神仏に変化する「仕掛け」と考えられた。

円空は「木端仏一〇二四体を箱に入れて、木端仏が一体に結合する原理」とした。一〇二四はトーナメント結合で一体になるのに、過不足のない数である。この原理は自分で創案した「護法」と称し、千面菩薩に「信受護法」と表記したと思われる。

この護法は、円空が円空寺で大般若経六百巻の修理をする間に思いつき、和歌の形で経の奥書に書き付けた。この和歌の続きは、立神で修復した大般若経六百巻の第六十二巻の奥書に記し、円空は「歓喜沙門」の署名を残した。

昭和の人々はこの和歌の意味が分からず、大般若経の修復ができたから、円空は歓喜したと勘違いをした。そんな単純なものではなかった。この人たちは、その後に円空が多宗教との共生のために行った諸事を理解できず、「円空は分からないことをする」謎の多い人物と評するようになってしまった。実は、円空は共生の道を会得して歓喜していたのである。

九、梵字の「ウ」の解釈は間違いである

正しくは「ウ」ではなく、隠す意の「L」

「ガンダーラ会報」86号に掲載された某氏の論文によると、「梵字のウは梵字ではないが、

谷口順三先生が、最勝を意味する梵字ウの変形であると判定されたので、自分はそれを踏襲している。最勝の意味は妥当な解釈であると思っている。この印（ウ）は中観音堂の観音の左肩部にも付いている」と説明されていた。そして、「ウ」の発案者は谷口氏（故人）で、疑義あればご本人へとの様子だった。

「ウ」に関する筆者の論理は「ウ」ではなく、アルファベットの「L」に似た筆記体から作られているものとしたい。「L」は乙護童子の背銘にあり、漢和辞典にも「隠の意味を表す記号」との記載がある。

乙護童子像には「L」と彫られているのに「乙」であると主張し、「L」の筆記体を梵字の「ウ」と断定して、最勝の意味とする。先人の解釈を固く守る後輩の信念には敬意を表する他ない。

志摩に残る二首の大般若経の奥書に書かれた円空の和歌「イクタヒモ……」を弥勒信仰の和歌と

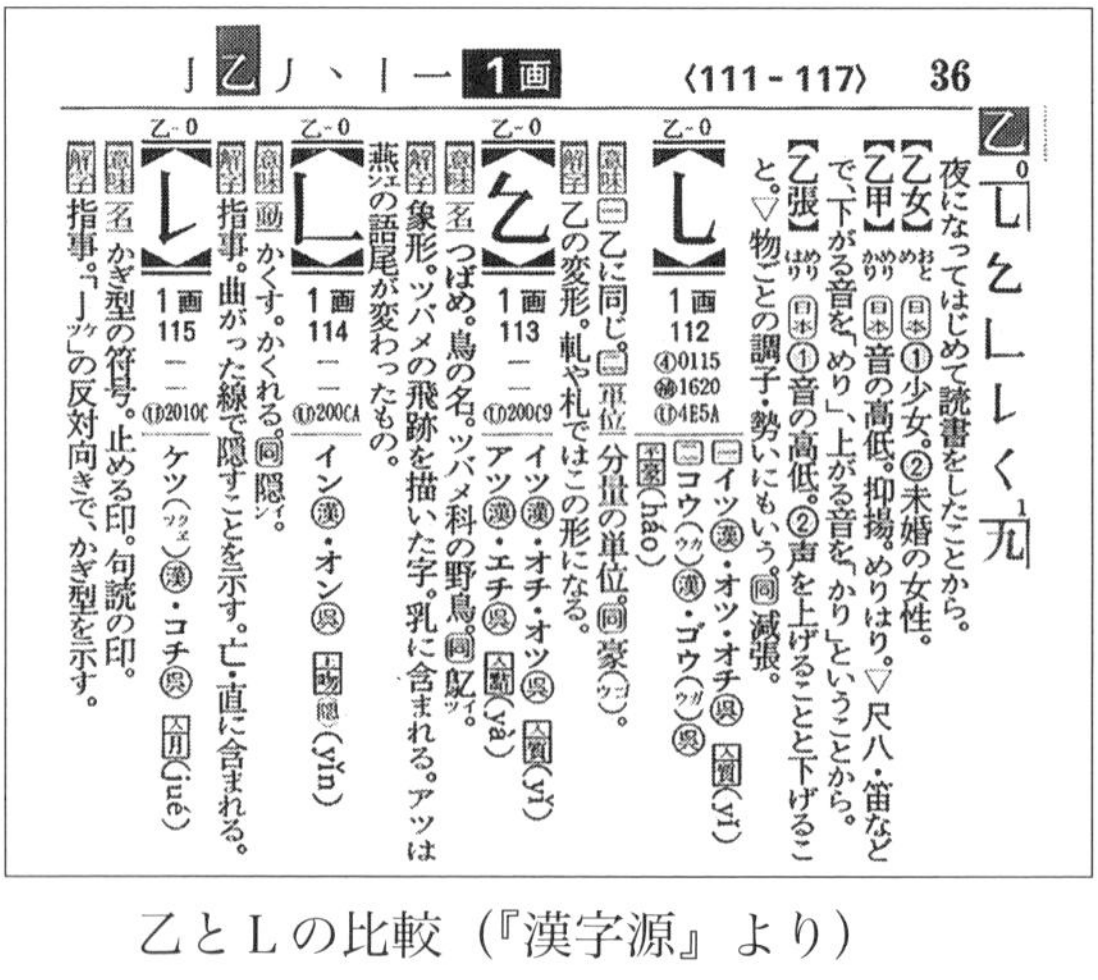
亅乙丿丶丨一 1画 〈111－117〉 36

乙0 乚 乙 𠃊 乀 く 九1

夜になってはじめて読書をしたことから。

【乙女】おとめ 日本 ①少女。②未婚の女性。

【乙甲】めりかり 日本 音の高低。抑揚。めりはり。▽尺八・笛などで、下がる音を「めり」、上がる音を「かり」ということから。

【乙張】めりはり 日本 ①音の高低。②声を上げることと下げること。▽物ごとの調子・勢いにもいう。同 減張。

乙-0 【乚】 1画 112 ④0115 ⑩1620 ①4E5A ㊀イツ漢・オツ・オチ呉 入質(yì) ㊁コウ(カウ)漢・ゴウ(ガウ)呉 平豪(háo)

意味 ㊀乙に同じ。㊁単位 分量の単位。同 豪(ゴウ)。

解字 乙の変形。軋や札ではこの形になる。

乙-0 【乙】 1画 113 ①200C9 イツ漢・オチ・オツ呉 入質(yǐ) アツ漢・エチ呉 入黠(yà)

意味 名 つばめ。鳥の名。ツバメ科の野鳥。同 鳦(イツ)。

解字 象形。ツバメの飛跡を描いた字。乳に含まれる。アツは燕(エン)の語尾が変わったもの。

乙-0 【𠃊】 1画 114 ①200CA イン漢・オン呉 上吻隠(yǐn)

意味 動 かくす。かくれる。同 隠(イン)。

解字 指事。曲がった線で隠すことを示す。亡・直に含まれる。

乙-0 【㇄】 1画 115 ①2010C ケツ(クヱツ)漢・コチ呉 入月(jué)

意味 名 かぎ型の符号。止める印。句読の印。

解字 指事。「亅(ケツ)」の反対向きで、かぎ型を示す。

乙とLの比較（『漢字源』より）

断定し、「五十六億とすべきところを円空は間違って九十六億にした」と指摘されたのも同氏である。伊藤某氏がこれを追認する論文を提出したので「間違いをする円空」は定説になってしまっている。

円空仏を褒め称える円空学会が、作者円空を無学者の間違いとおとしめる。こんなことがいつまでもまかり通っていていいのか。会誌には「九十六億」の和歌は音楽寺（江南市）および荒子観音の護法神像の背銘にも記されており、それならばこそ、もっと深く追究してゆく姿勢が必要ではないか。

円空は「九十六億」の意義を認識して三回も使用している。大事なこの意味を解析すべきなのに、円空の間違いとして、あっさり変えてしまった。これは自傷行為に近い。

円空は多宗教共生の道に入って共生の仏像を作った。それなのに円空学会の円空の思想は変更されないので、円空は儀軌に合わない仏像を作る謎の僧にされてしまっている。円空研究が未成熟時代の誤解がいまだに生き残っている一つの例である。今更とやかく言っても仕方がないが、創立五十周年の円空学会には円空を正しく理解していただきたいと願うばかりである。

十、箱入りの千面菩薩と脇の護法神はセットで理解すべき

千面菩薩創作のヒント＝法身と識身の仏

仏教の先生によると、仏には固有の姿があり、それらを識身《しきしん》の仏と言うそうである。例外は大日如来で、姿はなく、これは法身《ほうしん》の仏と言われる。

円空が身を寄せた円空寺は、伊勢神道の御師が所有する寺だった。伊勢神道は大日如来が天照大神になって地に降りたとされている。その結果、天照大神は法身の神様と考えられているらしい。

姿のない神仏なら、万人の神仏にも成り得る。円空が千面菩薩を創作したヒントはこれだと筆者は気づいた。

千面菩薩は固有の姿がなく、個人が想像で描く神仏である。箱と木端仏は想像させるための大道具で、中に木端仏一〇二四体を入れて封印し、扉に千面菩薩と記して、中に神仏が坐《いま》すと示唆する。想像を促す仕掛けを護法と言って、96を端緒に、12と1024の数字遊びを連想させた。これが信受護法と表記した由縁と推察した。

これで切支丹の人の礼拝も可能である。開扉されても咎めを受けることはなく、安全・

安心の神仏、というのが円空の自慢と筆者は推察した。

箱と木端仏はハードウエア、護法はソフトウエアである。ハードウエアだけで千面菩薩を語ることはできない。しかし、千面菩薩本体は可搬性がないので、円空は護法だけを利用したいと考える。

荒子観音寺に背中に墨書で「護法神」「イクタヒモタヘテモタルル三会テラ九十六ヲクスエノヨマテモ」「圓空」（花押）と記された座像一体がある。怒髪天を衝く形相から、文字通り法を護る神の彫像と分かるが、護法の意味が分からなかった。

だが、護法の真意は千面菩薩の構造から「神仏を想像して拝むという術」で、「切支丹も受け入れる」ことだった。護法神座像はそれを和歌で教え、護るという形態で、ハードウエアの守り神と分かった。

この彫刻像が儀軌にない像様だからと言って、護法神と普通名詞のように用いるのは誤用である。単なる代名詞なら御法神であろうと考える。

十一、外国人にも受け入れられる円空の教え

「共生」の思想を前面に出して円空を語りたい

円空仏は美術・工芸品扱いで、すでに外国でも評価されているようである。外国人に円空仏を紹介するなら、円空は千面菩薩を創作し、キリスト教と仏教の共生を画策した僧侶としたら、円空の価値がもっと上がるはずだと筆者は思っている。

それにはまず千面菩薩とは何かを説明しなければならぬ。「想像（イマジン）」を利用して切支丹との共生を図る法身（形のない）の祈りの対象（神仏）」として、ジョンレノンの歌「イマジン」を引用して説明すれば、外国人にも理解してもらえるのではないか。法身の神様なら、イスラム教もキリスト教も受け入れる教会ができるかもしれない、というのがドンキホーテのような筆者の構想である。

二〇一九年六月、外国人のキリスト教関係者の会合で、『円空とキリスト教』の自著とこの英文のパンフを作成し配布した。サンキューと言われたが、進展はなかった。だが、円空は共生を図った僧であろうとの指摘を受け、自分の考えは進歩した。円空を語るキーワードは「共生」で行こうと考えた。

この活動は無駄でなかった。しかし、個人で頑張るのには限界があり、円空学会全体で推す必要があると悟った。ちなみに「分身」の英語は「alter ego」と言う。最近はスマホでよく分身が使われ、これはアバターと言われている。

九五頁に掲載した線画の説明が抜けていたので、ここで解説をする。右の図が飛騨千光寺の両面宿儺、左の図は荒子観音の乙護童子の線画である。荒子観音の『浄海雑記』には「乙護童子」像と記されているが、この彫刻像の背後には「L丸L護法」の刻書がある。つまり、乙護童子像は円空の自身像で、円空の心に身代わりのL丸がいて、L丸がL護法に拠って千面菩薩を制作・勧進するシステムと考えられた。この線画は「心の中にある身代わり」を説明するために、線で描いた想像図である。

千光寺においても、円空は両面宿儺像を作り、自分の両面性を説明していたことが分かった。両面宿儺の背面には「功徳天十五童子」と記されている。これにより、L護は十五と同じで、Lは十字を指していたのである。

十二、礼文華の観音像が発するメッセージ

窟屋で円空が残した五体の観音の効果

円空が五体の観音像を残した北海道の礼文華の窟屋を実際に拝観したいと思った。旅程をネットで検索したら、有珠善光寺宝物館の記事から、地図と観音洞窟の投稿写真を見つけた。室蘭本線の無人の小幌駅から行けるらしいが、停車する列車は少なく、周辺に人家もなく、洞窟に下る小道も大変らしい。

自動車道は遠く離れている。洞窟は海に突き出た礼文華岳の山裾にできた海蝕洞窟で、祠の前に小さな砂浜がある。円空の時代では海から船で行く他に、方法はないと分かった。

これでは隠れるにはよいが、とても一人でできることではない。仏像彫刻には材料の搬入が要るし、制作日数もかかる。円空が一人洞窟に籠って生活しながら、五体

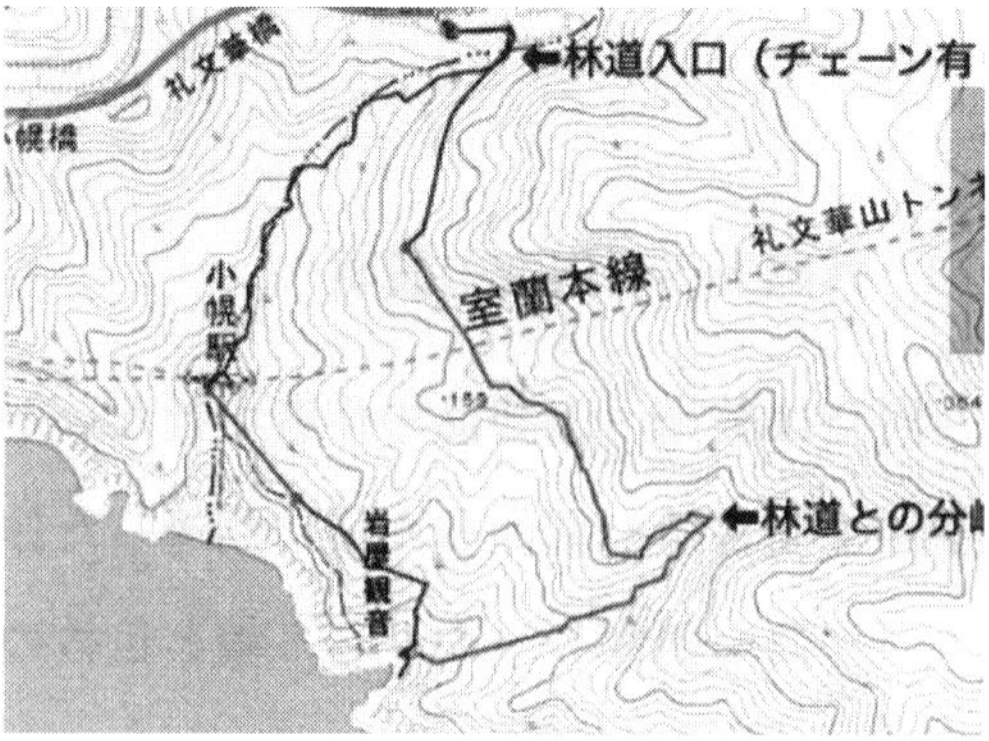

礼文華の岩屋への道

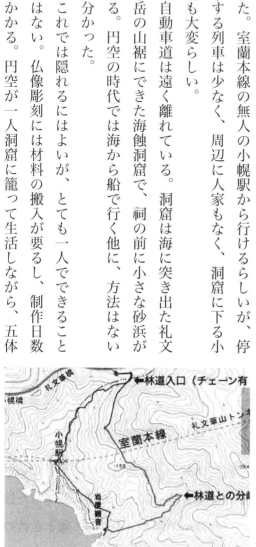

の観音像を制作することは不可能な環境と分かった。

おそらく円空は近くの静狩村に泊まって五体の観音像を制作し、船で作品を運んだと推察された。アイヌの村で先生だった円空には協力者がいたはずで、円空はその人たちに自分の意図を話し、協力を頼んだにちがいない。

観音の背後の刻んだ文字を村の人は読めなかったと思うが、円空は協力を得るために自分の履歴を説明し、同時に隠した真意も言葉で伝えていたことだろう。観音像は役人に発見されても真意は知られぬよう、背銘は円空の履歴書に見せかけた隠し文で記し、礼文華の窟屋に密かに置かれたにちがいない。

その結果、円空仏の背銘は漢字の読める人には円空の経歴と理解されるが、真意までは分からなかった。しかし、漢字が読めない村人には円空の口伝により、その真意が伝えられていたはずである。

それは寛文九年のシャクシャインの戦いがアイヌの連合体だったことで証明されている。「江州」が「合州」または「合衆」の意味に理解され、少なからず蜂起の形成に影響したであろうと思われた。

戦いは松前藩のトリッキーな仕打ちで終結し、アイヌ方に不満を残したにもかかわらず、アイヌ連合は同化に転じたと言われている。平和になって、近江商人には実利をもたらしたので、近江商人は円空の想定外の働きを評価し、朝廷にも報告され、円空は天皇の詔とご褒美をいただく結果になったものと推察された。

以上が『浄海雑記』の一節から推理して得られた結果である。なお、円空の背銘のある白衣観音は現在、北海道の重要文化財となり、有珠善光寺宝物館に納められている。

ところで、江戸時代後期の学者で旅行家でもあった菅江真澄（一七五四〜一八七〇）の「蝦夷乃手布利《えぞのてぶり》」によると、菅江は礼文華の窟屋へ船で行っている。それによると、現場には藁葺き小屋があった。窟屋の中に五体の観音像が安置され、四体に「〇〇岳権現」の背銘、大きな一体に「江州伊吹山……」の銘が書かれていた、とある。

筆者は菅江の状況記録から、会合して訓示か祈祷をしている情景を想像し、真意は何かと考えを巡らせ、円空の隠し文に気付いた。約三百五十年を隔て、筆者が理解し得たのは幸運としか思えない。円空は何故この檄文を残そうとしたのだろうか。

弘前藩の記録によると、円空は寛文六年一月、弘前城下に滞在していたところを藩の役人に見つかり、その結果、藩主の命令で弘前を追放された。雪深い弘前を追い出されて、円空は役人の施政に疑問を抱いたのだろう。

礼文華にある岩屋観音

寛文六年六月に再度松前に戻り、更に礼文華の窟屋に納める五体の観音像を制作した。円空がアイヌ人への応援メッセージを考えた気持ちはよく理解できる。白衣観音の背銘は、熟慮推敲して創作したアイヌへの激励文と考えられた。「蝦夷乃手布利」の詳細記事で、〇〇岳権現と記した四体の権現が白衣観音のそばにあったという記事のおかげで、これらがアイヌ人を表現する「山人」のことだと分かった。

当時の和人はアイヌを土人と侮蔑的に称していたが、円空は「山人」という呼び名に替えた機智にも感心した。五体の権現の観音像は、今日までにそれぞれの背銘の場所に移動されているので、現状からアイヌ人へのメッセージだと想像することは不可能となった。

十三、少ないながらも探せばそれなりの史料が

北海道の円空に関する昔の文献

幸田露伴の小説『雪紛々』は岩波全集（明治四十四年）にある。ここに出てくる呑空法師は円空のことであろうと、円空学会に紹介されたのは谷川徹三氏（一八九五〜一九八五）で、氏の論文「円空仏巡礼」（「円空学会4」（初版・昭和四十九年）にあると、H氏から教えていただいた。

筆者がいまだ円空学会を知らない時代だった。谷川氏は「北海道の円空仏」の論文を書き、合わせて幸田露伴の小説『雪紛々』の呑空法師は円空がモデルの小説と紹介された。これが二〇一〇年の朝日・円空仏講座では「テキスト」になって拝聴することができた。

ネットでの人物紹介によると、谷川氏は常滑出身で京都大学卒、京都の郵便局長を務め、法政大学の総長をもされた人と分かった。円空学会の重鎮でもあった。

幸田露伴は若いとき、電信技士として北海道の余市に勤務し、アイヌの村にあった円空の伝説を知って小説を書いたとされている。筆者が頼りにした『円空仏と北海道』の著者・堺比呂志氏も北海道の郵便局長だった。また、円空学会の会長を務めた谷口順三氏も岐阜

の郵便局長だった。諸氏は昔の逓信省関係者のグループだった。郵便局長会というグループもあるらしい。

幸田露伴の『雪紛々』は明治二十二年（一八九〇）に読売新聞の連載小説となったが、一カ月で連載停止になった。復活したのは明治三十四年（一九〇二）のことで、問題作として社会でも話題になったであろう。

ところで、江戸時代の北海道紀行文の中で、円空仏の記述があるのは菅江真澄の旅日記、および松浦武四郎（一八一八〜一八八八）の蝦夷日誌とされている。堺比呂志著『円空仏と北海道』は菅江真澄の「蝦夷乃手布利」の編から、礼文華の窟屋の円空仏および太田権現（松前半島北部の太田山にある窟屋の観音堂）にあった円空仏の詳細を引用している。

それによると、円空は太田権現では淡海《おうみ》の僧と記し、近江商人の縁者の形であった。だが、礼文華の白衣観音背銘では円空の名前を明記し、自分の経歴に見せかけた。

背銘の意味は「山人は江州（合州または合衆）して伊吹（意を合せ）せよという山人を鼓舞する真意を隠した」のである。松前藩に銘文の真意を気付かれぬように、近江商人には迷惑を掛けぬよう、淡海の文字は避け、江州を用いている。

円空は苦心してこの檄文を作ったと推測された。寛文六年（一六六七）に円空が記した檄の真意は今日まで誰も読み解くことはなかった。筆者はかねてより「円空の隠し文」を研究し、円空の考え方に慣れていたのが幸いした。

十四、円空の行動と思想を読み解く

背景に尾張藩の過酷な切支丹の迫害

円空は寛文六年七月、北海道・礼文華の窟屋に納める五体の観音を作り、道南のアイヌの人々へ檄文を残して北海道を離れたが、青森・秋田などで行脚をして、尾張へは直帰しなかった。その後の確かな足跡は、寛文九年に覚王山の鉈薬師堂の諸仏を制作したことである。

鉈薬師の仕事をするには寛文八年に尾張にいなくてはならない。ならば、帰りは寛文七年、年に一度しかないので、その年の秋の北前船であろうと考えられる。

東北地方における円空仏は青森十七体、秋田十二体、宮城（松島）一体、合計三十体が発見されている。ちなみに、北海道では一年半の滞在で四十七体を制作した。

従って、東北に滞在したのは一年ほどであり、寛文六年の秋から七年の夏が終わるまで東北各地で作仏と行脚で過ごし、酒田港あたりで北前船の帰り船に乗って帰ったのではないかと推定される。すると、越前に到着したのは寛文七年の秋、尾張には寛文八年と思われる。

一方、尾張藩の切支丹取り締まりは寛文三年に始まり、千人を超える切支丹の処刑者を出し、寛文七年末にはだいたい終わっていた。円空が尾張に帰った寛文八年春ごろは鉈薬師堂の建設ならびに薬師如来と十二神将の制作が始まったころだろうと推察される。

以上のように円空の旅程と尾張藩の切支丹迫害の歴史を調べたところ、奇しくも円空は尾張藩が迫害を始める前に北海道へ発ち、迫害の終わった後に尾張へ帰ってきたとみられる。つまり、尾張藩では切支丹迫害の現場を知らない唯一人の幸運児だったわけである。

こうしたことから筆者には「円空は切支丹の迫害と関係はない」とはとても思えない。円空の北海道行脚

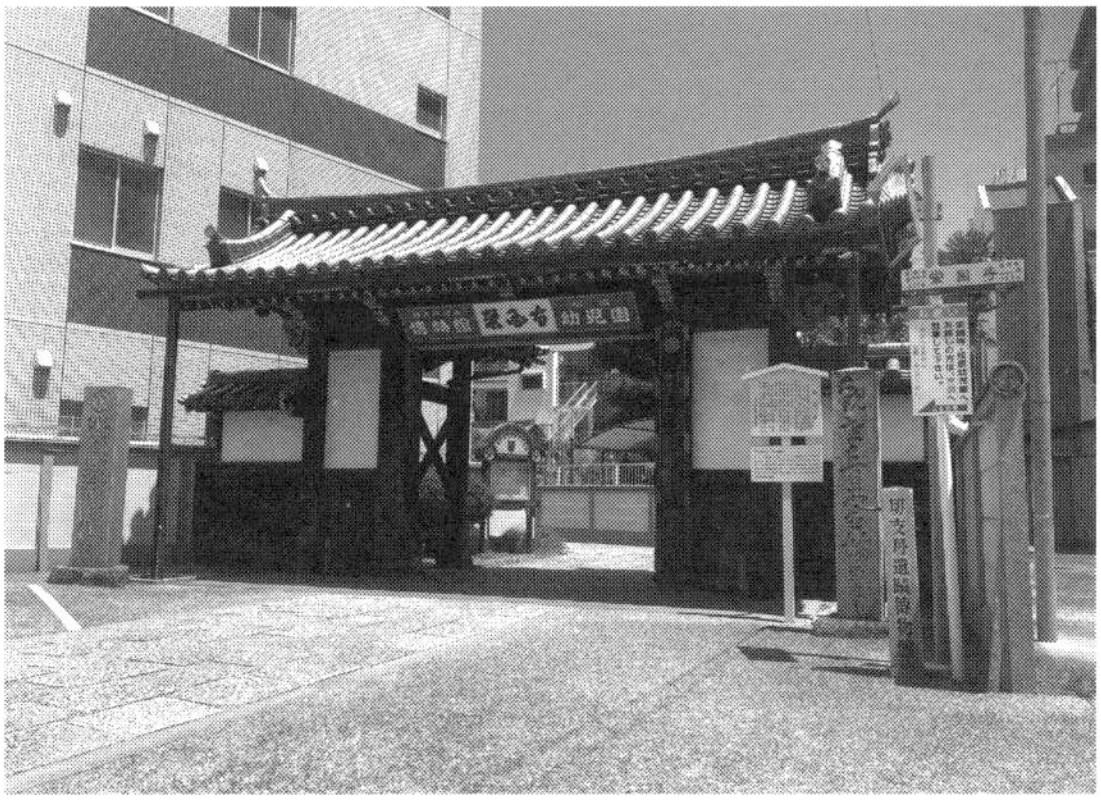

慰霊のため刑場跡に建てられた栄国寺

は四、五年にわたる長期間なので、すべてが計画的だったとは思わないが、帰国は意図して一年間延期したのではないかと推察される。帰国を遅らせて迫害を回避した後ろめたさが、その後の円空の生き様に「縛り」を掛けているように思われる。

サバイバルギルティと言われる症状である。鉈薬師の仕事をした後、円空は円空寺の住職の座を得るが、数年後に切支丹と共生の道を創案し、住職を辞退して遊行僧に戻った行為がこれを示している。

その後、荒子観音で千面菩薩を創作し、共生の（両面の）活動に生涯を尽くした。伊吹山大平観音堂の十一面観音背銘に和歌と漢詩があり、「北海道行脚から後の円空の心の内」が推察できる。和歌は近江の人へのお礼であり、漢詩は、「千面観音の功徳は世に広まり、迫害も鎮まったので身を引く」という趣意であった。

十五、ありがたく迎えた伊勢御師の布谷親子

伊勢円空寺が建てられていた場所

円空は大般若経の修復を志摩・片田の三蔵寺ではなく、再建された円空寺で行った。こ

の事実は片田の経に捺印された円空の検印の形状から、次のように推定できる。

寛文十年に山田村の大火で焼失する以前、円空寺は山田村下中之郷上久保（現・伊勢市宮町）にあったが、災害後、幕府（山田奉行所）の命令で再建用地は船江町越坂に指定された。この地名は現在、船江一〜四丁目に変わっているが、およそのその地域を推定できる。

片田の大般若経に円空の検印があった（五五頁参照）。この印は木の葉の図柄であろうと言われてきたが、真中の黒点が何を意味するのか説明できなかった。

しかし、経の修復は船江町に再建された円空寺で行ったと考えると、検印の図柄は円空寺の位置から見た神路山《かみじやま》で、真中の点は内宮に隣接する御師布谷の館がある古邨《ふるむら》（現・宇治館町）の位置を示している。山の右に見える棒の模様は五十鈴川を表している。

片田の経典の修復は御師布谷左大夫の恩に報いるため、円空寺において円空の監修で作業をした。欠落した三巻の経は御師の娘佳子（筆者は円空の新妻と推測する）が寺で写経して補填、完成させた。円空は御師の親子に敬意を表して、検印のデザインを考えたと思われた。

参考図として伊勢の地図、円空寺があった船江地区から見る神路山の写真を掲載する。

船江は伊勢・河崎の荷揚場に隣接する低地で、南方はさえぎるものがないので内宮のあった神路山はよく見える。一方、山田村から神路山・内宮を見ようとしても、外宮の森にさえぎられて見えない。まして片田からこの景色は見えない。

なお、立神・少林寺の経の修復に、円空は河崎から資材を積んで出掛けたことも、検印の絵柄から推測される。六百巻の巻経を折経に作り直す作業は円空一人だけでできることではなく、表紙・裏表紙・扉絵の材料や経師屋などの職人も伊勢から立神へ船で運ぶ必要があったと思われる。

片田の検印の形状はいま言われているような、無意味な葉っぱの形ではない。御師へ感謝の意を込めた意匠であった。

津矢田論文によると、円空寺の場所は旧制宇治山田中学校の北角辺りと推定され、現在の伊勢市船江公園の北辺と見られる。円空寺が再建された船江町越坂には明治

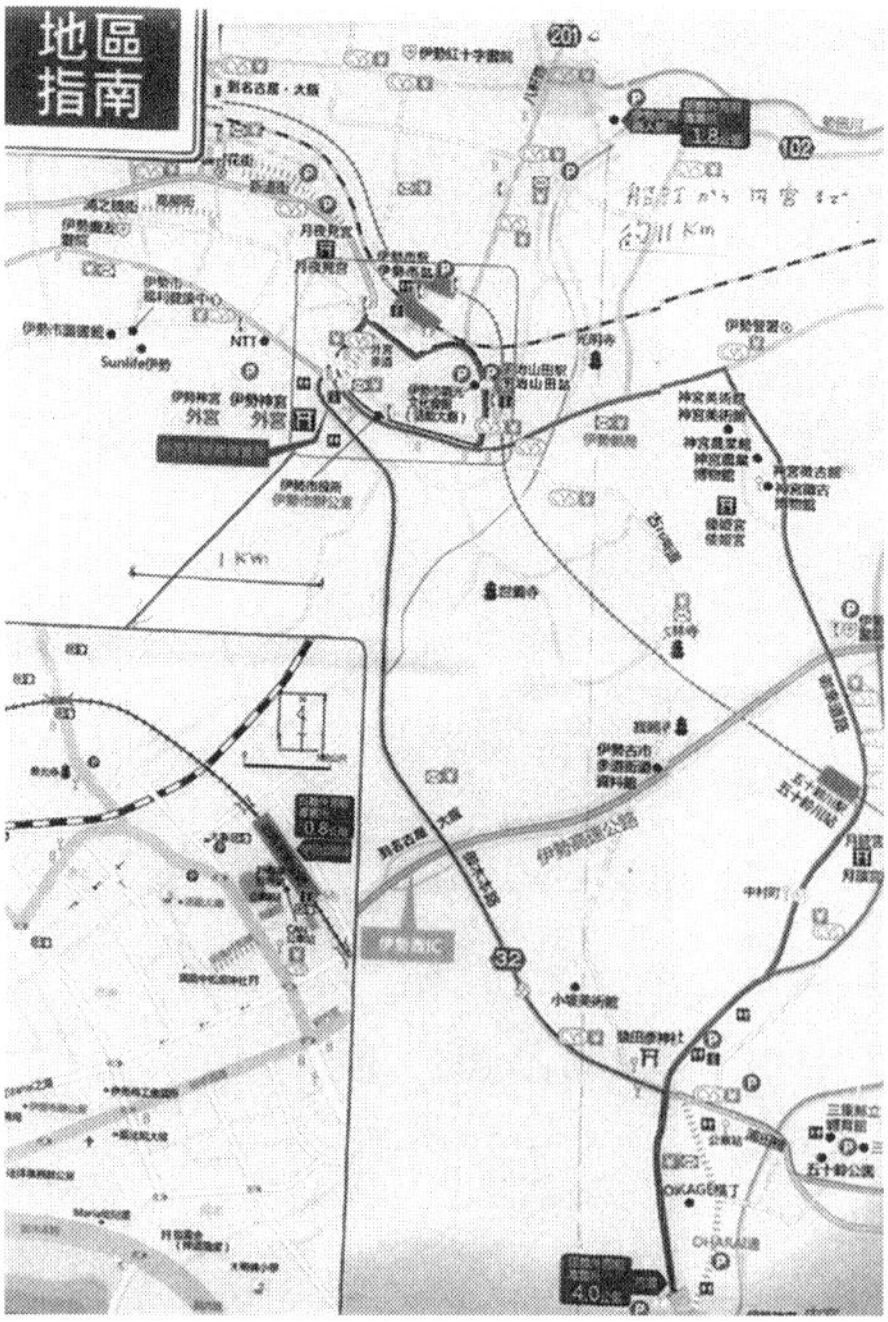

外国人向けに造られた観光地図

歩道橋から望んだ神路山の風景

以後に旧制宇治山田中学校、紡績工場などが建設されたが、戦災に遭い跡地は平坦化され、今は住宅団地となっている。

外宮がある山田村と内宮がある宇治村が明治になって合併、宇治山田村になった。現在の伊勢市になったのは昭和になってからのことである。

小高い山の上にある山田村、低地にある宇治村は曲線の多い道路で結ばれている。船江町は戦災後に整地され、区画整理をされたので、円空寺の面影はまったくないが、津矢田論文にある手書きの地図には、旧制宇治山田中学校北辺と記されている。旧制中学校の跡地は船江公園に変わっているが、公園入口に中学校跡の石碑があるので大まかな位置は想像できる。

十六、恐れ奉りながら円空学会へのお願い

誤りを正し、さらなる研究活動を

筆者は円空の謎解きを始めて『円空の隠し文』『円空とキリスト教』の二著書を上梓した。頭初の謎はおよそ三十項目あった。その多くは円空寺時代を白紙にしたことによる連鎖的事象だった。

円空寺を歴史上の事実として考えると、同寺で円空が詠んだ和歌「イクタヒモ」の下の句で、円空は「九十六億」を使って「多宗教と共生の道を見つけた」ことが理解される。これによって円空が切支丹と共生の道に進み、微笑仏の制作に邁進した理由も明らかになると思う。

残る謎は円空が創作した千面菩薩の復元で、これは一〇二四体の木端仏を厨子に戻し扉を釘で閉じて諸仏と並べれば、円空創案の「四鎮如意」の千面菩薩が原型で復活する。この観音を祈れば、すべての人が思うままの神仏が蘇る、つまり「四鎮如意」を体現できるであろうと筆者は推察する。十二万体造顕とされているのは原文の読み間違いだから訂正すればよい。

名古屋「郷土文化」会報２３５号（令和三年二月）に「天聴に達した円空の徳音（郷土に誇る人間円空さん考）」に記した袈裟の復元はできないが、円空が北海道で願ったアイヌの人々の生活向上は長い年月を経て二〇一九年七月、札幌市にアイヌ民族文化財団が設立され、円空が白衣観音の背面に刻書したように、江州（合衆）の方向に進んできている。

円空学会は創設五十年を迎えた。これを記念して以下の行事をお願いしたいものである。

一、荒子観音殿に千面菩薩を復元し、いまある護法神と共に展示するよう、お願いする。

二、伊勢市に円空の業績を申告し、船江公園に「円空寺跡」の標識設置をお願いする。

三、二〇二五年に開催予定の大阪万博会場に円空仏を展示し、円空上人の功績を広め、円空上人所縁の地巡礼ルートを提案する。新しい観光資源になると同時に、円空は多宗教共生のミニモデル創作者として世界的に評価されるようになると思う。

十七、これで円空のイメージを変えられるか

最後に、筆者が考える円空の人物像とは

円空の出生地は岐阜県羽島郡竹鼻町（現、羽島市竹鼻町）とされている。江戸時代では

このあたりは尾張藩の勢力下にあった。いま一度、円空の足跡を確認しておこう。

青年時代の円空は美濃の高賀山、白山、近江の伊吹山などで仏教・修験道の修業をした。明暦（一六五五〜一六五八）のころ、荒子観音の住職・円盛に見出され、同寺の仁王門の阿吽像を制作した。寛文三年（一六六三）から同七年の間は北海道と東北で仏像を奉納、アイヌの村で教育、礼文華の窟屋で檄文と観音像を奉納している。この時代に尾張藩は切支丹の取り締まりをしていた。

寛文八年から九年にかけ、名古屋覚王山の鉈薬師堂の諸仏を制作、犠牲者追悼の神仏を制作した。北海道ではシャクシャインの戦いが起きている。

寛文十年から延宝二年は円空寺住職となるが、寛文十年十一月に円空寺は火災で焼失した。そのため法隆寺や大峰山へ修行に出て、その後、再建された寺に戻っている。寺で片田の大般若経六百巻を修復中に多宗教共生の道を創案したことから住職を辞し、立神の大般若経を修復後、遊行僧に戻り尾張へ帰ってきた。

荒子観音で千面菩薩を創作し、「多宗教共生の道」を進んだ。これ以後、作風が変わった。布教のために身代わりの乙護童子を作り、一人二役で千面菩薩の権現像を制作した。

延宝三年から元禄二年には尾張・美濃で切支丹との共生を図る。この時代の仏像は現代になって微笑仏と評されている。その後、関東へ行脚した。このころ、北海道の業績を評価され、朝廷から詔と上人の位、袈裟を賜ったと推定される。

元禄二年から八年は伊吹山太平寺で十一面観音を制作し、近江の人のお礼と賛歌の和歌を、また人生の終末の準備をするために漢詩を残した。飛騨の金木戸観音で今上皇帝像を作り、仏・千面仏制作終了を報告。関市・弥勒寺の住職に就任し、元禄八年七月十五日入滅。六十四歳の生涯だった。

人物評を見てみよう。次のようなことが挙げられるのではないか。

・幼い頃から読経を学んだ学僧
・修験道の行者、遊行僧
・千五百首の作歌修行をした歌人
・自己の思考は歌にして残す
・几帳面で義理堅い人
・ご恩は忘れず、お礼を欠かさない
・北海道で三年ほど暮らしたことでも身体は強健
・数学を使った論理的思考をする人

・性格は温厚
・朝廷の叙勲にも返礼の儀式を行った
・切支丹迫害の犠牲者を悼み人情に厚い
・正義感は強く弱者（アイヌ人、切支丹類族、潜伏切支丹）を助けた
・法身の切支丹と共生を図る千面菩薩とその護法を創作
・千面菩薩は姿のない菩薩で他に例がない傑作
・柔和な顔の木彫仏の名人
・隠し文を入れた和歌の創作は巧妙
・アルファベット（英文字）も勉強して梵字を創作
・キリスト教は伊吹山修験道修業時代に勉強
・禅問答に和算を利用

これらの多くは『浄海雑記』に記された円空上人伝からの推測である。近江商人により北海道における活動が評価されて叙勲を推挙され、今上天皇より詔と上人の号、紫の袈裟を授与される栄誉を賜った。これは元禄時代であろうと推察する。

伊吹山太平寺で十一面観音を制作し、背面にある近江を賛歌する和歌はそのお礼であろ

う。容姿は荒子観音にある乙護童子と千光寺には肖像画および両面宿儺像が参考となる。強い精神の持ち主だが、ロマンチストでもある。円空寺で人生の岐路に直面して、人情に悩む姿は人並みだった。

円空仏が仏像として認められたのは昭和三十年代からで、円空学会は二〇二一年が創立五十周年に当たっていた。発見された作品は五千三百体と報告されている。円空は十二万体の仏像造顕を発願したとされているが、これは文章の読み違いであることはすでに述べた。

円空仏展覧会は筆者が見に行ったところだけでも六回もある。海外でもあったらしい。円空仏は世界的にも知られるようになった。

円空は切支丹とは無関係とするのが従来からの考え方だった。しかし、千面菩薩の蔵内木端仏が一〇二四体と分かってから、多宗教との共生の道に変わり、円空は切支丹の迫害に心を痛めていたことが判明した。伊勢円空寺時代が心の転換時代だった。

円空は精力的に切支丹を助けたとの結論を得た。ただ、円空の描いたキリスト教のシンボル十字架は、信じる人にしか見えない想像の形だった。信じない人には見えない十字架だった。

千面菩薩は切支丹の人々が安心して安全に礼拝を続けられるように工夫されていた。その基本構想は般若心経であったと考えられた。すなわち「色即是空、空即是色」である。これは羽島市・中観音堂の十一面観音の背後の埋め込みから、般若心経の断片が発見された事実からも裏づけられた。このような結論を得ると、見えない人が何と言おうとも、円空上人は呵々大笑するのではないかと考えられた。まさに「四鎮如意」であると。

おわりに　いつの日にか定説となれ

円空については「仏像十二万体造顕を発願した僧」という曖昧な宣伝句が使われている。そして、文献が少ないと言い訳をする人も多い。

しかし、荒子観音に伝わる「円空小伝」ほか、円空の作品を注意深く調べると、円空は必ず自己の考えを伝えようとしていたことが分かる。ただ、その伝え方は和歌や漢詩であったり、当時の流行語を使ったり、絵解き・判じ物にしたり、数学を交えた語呂合わせなどで「隠し文」にされていた。

江戸時代とは現代との時間のずれだけではなく、切支丹禁制の厳しい社会である。言葉、数学の用語など何もかも違い、人の考え方も違っており、現代人には理解できなかった。消えかかった墨書は判読できても、本質を解読したことにはならない。円空は知恵を駆使し、制約の多い社会を乗り切っていた。

彼の作品に十字架印は見当らないので、円空学会では「円空は切支丹と関係なし」とされてきた。彼が三十歳代のとき、北海道で寺社の本尊を制作・奉納していた時期に、尾張では切支丹の迫害があり数千人の犠牲者を出した。僧侶の円空はこれに心を痛め、打開策を考えるようになった。

彼は円空寺の住職に招かれたが、運悪く円空寺は山田の大火で焼失した。その二年後、船江町越坂に円空寺は再建され、そこで大般若経の修復を任されることになった。

その最中に切支丹と共生の方策を創案した。試案は和歌に詠み込まれていた。和歌の下の句は「九十六億末ノ世マテモ」とされ、96の数遊びと語呂合わせを使って、異教の人をも受け入れる菩薩（共生の菩薩、つまり千面菩薩のヒント）を詠み込んでいたが、これには誰も気付かないできた。

円空寺は明治になるまで山田村に建っていたが、廃寺となった。幸い、公文書『宇治山田市史』の廃寺の頁に円空寺の名が残されているので、これを無視してはならない。

さて、再建された円空寺には大般若経が必要で、傷んだ経を片田から譲り受け、寺で修復した。この経は廃寺に伴い伊勢の古物商に渡り、後に片田漁協が買い戻した。その経緯は中岡志州氏の論文「志摩国の円空」（円空学会誌）に略記されている。廃寺になった円空寺の跡は都市計画で整理されてなくなり、円空の業績もそれと共に消えてしまった。

最近では円空寺の存在すら忘れ去られ、片田の大般若経は片田の三蔵寺で修復したと語られているが、これはまったくの事実誤認である。昨年（二〇二二）、伊勢市浦口の法住院で円空作の不動明王像が発見された。この地番はかつて円空寺が建っていた山田村下中之郷上之久保に近い所で、円空は最後にお礼をしようと、この地を訪れたものと推察される。だが、円空寺は歴史から消され、円空の和歌も覚書も理解する人は出なかった。

円空の「九十六億」の謎が解けなかった人たちは、謎を円空の間違いの所為にして「五十六億」に置き換えるという説を展開した。この置換説を基礎にして論文も発表され、「間違いの多い円空」という人物論がまことしやかにささやかれている。九十六を五十六にした論拠を改めて参考までに追記する。

円空は高賀神社に数百首の和歌を残した。『古今集』を手本に作り替える「本歌取りという練習」と言われる。円空は和歌詠みだった。弥勒信仰を詠んだ和歌で、五十六億……を「九十六オク末ノ世マテモ」と読み替え、これに「歓喜沙門」の署名をした。

しかし、九十六の真意が分からず、九十六は円空の間違いと断定され、円空に不幸な評判を残した。荒子観音の千面菩薩厨子の真意も不明となり、連鎖して護法の真意も不明となったままである。

尊名の分からぬ円空仏はすべて護法神と命名されようになった。その外、十二万体造顕の誤解、天聴に達した円空の徳音の理解不足等の謎が残り、円空の人物像が分からなくなってしまった。

円空学会は創立以来五十年を経て、各地から円空にかかわる彫刻・文書が発見され、写真・記録の書誌も刊行され、世間では円空研究の権威と理解されている。しかし、円空の人物像は、円空が暮らしていた社会から見る目が不足していた。

これが抜けた原因は円空仏を美術の対象と考えた初期時代に、十二万体造顕を発願したとする『浄海雑記』の記述の誤解による。円空仏がいまだどこかにあると、新発見に関心が片寄ったようである。それに遊行僧の作仏真意は「修行」だけに絞られ、修行の道が議論されていた。切支丹禁制社会と円空の関係はないのが前提とされていた。

筆者は千面菩薩と一〇二四体の木端仏の謎解きをして、共生の菩薩と理解したのは『数の日本史』を読んだときからだった。共生の思想に変わった時期と場所がはっきりしたのは、津矢田杢人氏の伊勢円空寺に関する論文であった。

「天聴に達した円空の徳音」を考察して北海道と円空の関係が分かり、円空の全体像を知ることができた。この論文は名古屋郷土文化会の機関誌「郷土文化」に掲載された。これを基礎にして新しい円空論を展開したのが本書である。

間違いを糾し先人の努力と尊厳を傷つけて申し訳ないが、円空の共生の創意工夫は海外にも理解されると思うし、円空学会は円空を顕彰する仕事があるはず。正常な発展に貢献することを信じて、敢えて本稿をまとめた。

伊藤治雄

●著書および主要参考文献

一、著書「ブックショップマイタウン」出版物

・「円空の隠し文」平成二十二年十月
・「円空とキリスト教」平成二十八年一月
・「魏志倭人伝謎解き旅」平成十九年十月
・「日向から大和へ」平成二十一年九月

二、筆者執筆の補説・論文

・補説一「円空の隠されていた信仰哲学」円空研究31　平成二十八年
・補説二「円空の謎を解く鍵」円空学会だより１８２号　平成二十九年
・補説三「円空の遺言」円空研究32　平成三十年
・補説四「私の江戸時代研究　円空が隠し文に込めた当時の知識レベルを考える」雑誌「歴史研究」第６５７５号　平成二十九年十二月号
・補説五「僧円空と伊勢円空寺物語」円空研究33　平成三十年

・補説六「円空と伊勢円空寺物語」円空だより　平成三十一年
・補説七「１０２４と千面菩薩厨子の考え方」
・補説八　和英対訳・円空解説＝和文 GASC 配付資料・和英論文
・補説九　円空の検印と円空寺の所在地（船江）の位置関係
・論文「令和時代の新円空像」円空研究34　令和二年七月
・論文「天聴に達した円空の徳音」郷土文化会誌２３５号　令和三年三月

三、主な参考資料

・「円空の九十六億」伊藤正三著　円空研究3　昭和四十九年
・「志摩国の円空」中岡志州著　円空研究別巻1　昭和五十二年
・「円空と伊勢山田の円空寺考」津矢田杢人著　学会だより47　昭和四十八年
・「円空さんの足跡を追って」津矢田杢人著　円空研究14　昭和六十四年
・「円空造佛の動機について」青山玄著　円空研究14
・「宇治山田市史」の円空寺記述
・「近世畸人伝」伴高渓著　岩波文庫
・「梵字『ウ』に関する考察」井村安一著　円空研究31　平成二十八年

・「東海地方のキリシタン」山本脩著　電子版
・「荒子観音の円空佛」小島梯次著　行動と文化13号　昭和六十二年
・「円空仏と北海道」堺比呂志著　北方新書　平成十五年
・「アイヌ史」河野本道　北方新書　昭和六十一年
・「おかげまいりとええじゃないか」藤谷俊雄　岩波新書　昭和四十三年
・「数の日本史」伊達宗行　日本経済新聞社　平成十四年
・「海の総合商社・北前船」加藤貞仁著　無明舎出版　平成十五年
・「近江商人と北前船」サンライズ出版　平成十九年
・「キリシタン禁制と民衆の宗教」村井早苗著　山川出版　平成十四年
・「アイヌ民族・歴史と現在」アイヌ民族文化財団　平成二十二年
・「切支丹風土記（三分冊）」宝文館　昭和三十五年
・「円空風土記」丸山尚一著　読売新聞社　昭和四十九年
・「雪紛々」幸田露伴　露伴全集第7巻　岩波　昭和五十三年
・「飛騨屋久兵衛」飛騨屋久兵衛研究会著　昭和五十九年

伊藤治雄（いとうはるお）

昭和九年生まれ、名古屋市在住。昭和三十三年、名古屋大学工学部機械科を卒業後、中部電力に入社、原子力部門の業務に従事する。昭和六十二年七月、中部原子力懇談会の事務局に。平成十一年十月、シーテックを退社する。

退社後は歴史に興味を持ち、特に古代史と円空研究に取り組む。平成十七年十一月、文化庁公募「日本の旅１００選」に「魏志倭人伝謎解き旅」で入選。令和三年三月、「天聴に達した円空の徳音」を名古屋郷土文化会誌に発表するなど、従来とは異なる説を唱え注目を浴びる。

円空と伊勢・円空寺

令和五年九月一日

著　者　伊藤治雄
発行者　舟橋武志
発行所　ブックショップマイタウン
〒４５３・００１２名古屋市中村区井深町一・一
新幹線高架内「本陣街」二階
ＴＥＬ〇五二・四五三・五〇二三
ＦＡＸ〇五八六・七三・五五一四
ＵＲＬ http://www.mytown-nagoya.com/

ISBN978-4-910021-39-3 C0021 ¥1500E